RURAL TAX AND FEE REFORM
AND RURAL GOVERNANCE STRUCTURE CHANGE
IN CHINA

中国农村税费改革与乡村治理结构变迁

邸晓星◎著

天津出版传媒集团

天津人民出版社

图书在版编目（ＣＩＰ）数据

中国农村税费改革与乡村治理结构变迁 / 邸晓星著
. -- 天津 : 天津人民出版社, 2024.5
  ISBN 978-7-201-20499-4

Ⅰ. ①中… Ⅱ. ①邸… Ⅲ. ①农村—税制改革—研究
—中国②农村—群众自治—研究—中国 Ⅳ.
①F812.422②D638

中国国家版本馆 CIP 数据核字(2024)第 103650 号

中国农村税费改革与乡村治理结构变迁
ZHONGGUO NONGCUN SHUIFEI GAIGE YU XIANGCUN ZHILI JIEGOU BIANQIAN

出　　版	天津人民出版社
出 版 人	刘锦泉
地　　址	天津市和平区西康路35号康岳大厦
邮政编码	300051
邮购电话	(022)23332469
电子信箱	reader@tjrmcbs.com
责任编辑	林　雨
装帧设计	汤　磊
印　　刷	天津新华印务有限公司
经　　销	新华书店
开　　本	710毫米×1000毫米　1/16
印　　张	13.25
插　　页	2
字　　数	190千字
版次印次	2024年5月第1版　2024年5月第1次印刷
定　　价	78.00元

前　言

　　我国作为一个农业大国,"三农"问题关系国民素质、经济发展,关系社会稳定、国家富强、民族复兴。新中国成立后,在党的领导下,中国人民把中国这个落后的农业大国逐步建设成为先进的工业国,在工业化初始阶段,农业为工业化建设提供了大量的物质资金积累,广大农村和农民为此做出了巨大的贡献,农民长期承担着农业税费的压力,导致农村与城市的发展差距日渐加大,农民生活改善较慢。为了减轻农民负担、推动农业发展、加快农村建设,在国家具备了一定的条件和能力下,2000 年 3 月,中共中央、国务院发布了《中共中央、国务院关于进行农村税费改革试点工作的通知》(中发〔2000〕7 号),决定以安徽作为农村税费改革的试点,探索农村税费改革。在总结试点地区改革经验的基础上,2003 年 3 月,国务院发布了《关于全面推进农村税费改革试点的意见》,决定在全国范围内开展农村税费改革以减轻农民负担。2005 年 12 月 29 日,十届全国人大常委会第十九次会议决定,自2006 年 1 月 1 日起废止《中华人民共和国农业税条例》。实行了两千多年的农业税自此退出历史舞台,农民负担从根本上得以解除,农村发展步入新的历史阶段。

中国农村税费改革与乡村治理结构变迁

农村税费改革不仅是一项财税制度改革，更深刻改变了国家与农民、中央与地方、城市与农村、干部与群众的关系，带来了乡村财政关系、权力结构、运转方式等多方面的变化，对乡村治理产生了很大的影响。比如，农业税的取消使得乡镇财政陷入可有可无的"悬浮化"状态；在国家与农村关系从"汲取"向"反哺"的转变下，乡镇职能必须转变，由此推动了乡镇机构改革，推动乡镇政府职能从管理转向提供公共服务与合作治理；村干部从税费征收的行政任务中解放出来，村民的自治程度增强，实践中发展出了民主选举、民主决策、民主管理、民主监督的民主方式。因农村税费的取消而导致村级收入大量减少的村庄，开始探索村"两委"交叉任职制度，后在党的大力推进下，村"两委"一肩挑和"交叉任职"大幅度推进。在党中央大力推进农村建设的时代背景下，出于提高政策执行力的考虑，农村基层党组织的领导作用在增强政治功能、服务功能中得以加强。

对于我国广大农村来说，农村税费改革是一个重要的历史转折点，反映了国家与农村社会关系的巨大转变，是我国从工业到农业全面推进现代化建设的体现，拉开了城乡统筹发展的时代序幕。随之带来的乡镇职能的转变、乡村关系的转变、农村基层党组织领导作用的加强、村民自治发展及农村居民素质的提升，都推动了乡村治理结构的深刻变化，以保障农村社会政治稳定、推动农村经济发展、创建乡村现代文明为目的，农村基层党组织、基层行政机构、村自治组织、农村新兴经济组织、社会组织、公民等各类治理主体，通过法治、德治、自治、智治融合的方式，从乡村协同治理走向乡村治理共同体。

目 录

第一章　乡村治理的研究综述

一、国内研究综述

(一)乡村治理研究的兴起与发展

自晚清以来,我国学者或从社会学的角度,或从经济学角度,或从政治学角度对中国乡村社会进行了大量的研究,一些先贤甚至深入农村,关注农村社会发展、传统文化,开展乡村建设,从20世纪20年代开始,以梁漱溟、晏阳初、陶行知等为代表的一大批知识分子走向乡村开展乡村建设运动。中华人民共和国成立之后,考虑到当时不稳定的国际局势,以及西方帝国主义对我国的围追堵截,为了快速推进工业化建设以保障国家安全,我国施行了以农业支持工业、以农村支持城市的体制,工业通过剪刀差抽取农业利润,试图在短期内建立完备的工业体系,开启了城乡二元的经济结构。同时,为了提高生产力,学习苏联农业模式,在农村开始大规模实行农村土地合作社模式,由于集体生产中的"搭便车"现象和分配中的"平均主义",农业生产效率逐步下降,农民生活长期难以改善。为此,关于新中国成立以来乡村治理的研究，大多以农业支持工业的政策为起点、在中国式现代化的背景下展开。"现代化因素自上而下、由外及内地对乡村治理产生影响的三大维度，构成了乡村治理得以展开的三个宏观历史条件"：在新中国成立初期，农业要为中国国民经济体系的建立和赶超现代提供原始积累，这成为当时制定乡村治理政策的主要出发点和依据；而中国现代化的过程又极大地影响和改变了传统乡村社会的伦理价值体系，乡村治理的规则体系在现代性的冲击下被不断颠覆并重构。[①]

20世纪70年代，随着人民公社体制的取消，政治权力从农村经济、生活领域中撤离，为了填补乡村权力真空和治理危机，"村民自治"（简称村治）应运而生，并在1982年正式被载入宪法，作为村庄治理的主要模式，很快在全国推行开来。在理论研究中，也相应地产生一批围绕村民自治开展的研究成果。研究的内容主要有村民自治的产生和推进、功能和成效、发展和趋势等。比如，围绕村民自治是如何产生的，主要有政治推动说、经济发展说和社会基础说。政治推动说者认为，在经济社会发展较为落后的农村推行民主化进程并取得一定的成就，离不开政党和政府的积极作用，如果没有国家权力通过示范引导和强力推行，就不可能将村民自治的民主要求迅速落实到农村社会。可以说，村民自治是一种依靠国家由外而内制强力推行的结果。经济发展说认为，村民自治是农村经济体制改革的结果与必然要求，民主的动力源于经济发展，是经济发展所带来的社会经济利益的分化促进了基层民主的形成，而且两者之间呈现出一定的正相关关系，即民主的发达程度取决于经济的发达程度。社会基础说则将村民自治和基层民主的动力归结为农村社会自身因素，认为村民自治之所以能快速发展，是为了对国家与社会的分离进行整合。随着社会自治性的加强，农村社会的基础性结构发生了变化，

---

① 贺雪峰、董磊明等：《乡村治理研究的现状与前瞻》，《学习与实践》，2007年第8期。

这一变化促使国家与社会趋于分离，而为了实现对农村社会的政治整合，村民自治才获得了快速发展。

按照对于实行村民自治的价值和意义，可分为政治民主说、资源汲取说和社会整合说。政治民主说者对于村民自治带来的基层民主，进而能够带动中国政治民主发展报以很大期望。例如在《中国农村村民自治》这一著作中，徐勇提出，村民自治作为基层直接民主的一个有效形式，对于促进社会主义民主政治建设有着十分积极的意义。它不仅有利于充分调动和激发广大农民群众的政治积极性和主动精神，提高农民的民主素质，而且是现阶段社会主义民主政治建设的起点和突破口之一，有利于在推进社会主义民主中逐步实现国家权力归还社会的远大目标。①资源汲取说者更注重村级治理对于国家实现其诸多能力的保障性功能，侧重研究国家对于农村社会的渗透能力，以及资源汲取与动员能力。例如，王华认为，村治的根本目的在于完成乡镇布置的国家强制性任务，这是当前农村村治的现实选择与存在的主要价值。②金太军、董磊明认为，村民自治的目的在于维护社会稳定、保障农民权益并实现国家对于农村资源的汲取。其本质是一种新的政治控制方式，它在政治、经济、文化等诸多方面都对国家与农村社会产生着影响。③社会整合说者认为，村民自治的推行在于解决农村干群矛盾、防止农村社会分裂和动乱。如王绍光认为，社区资源动员能力对村级治理具有重要的影响作用，并提出以提高社会资源动员力作为一种主要的方式用于解决农村日益严重的干群矛盾。④王旭指出，改革开放以后，市场经济的快速发展与家庭联产承包责任制的推行改变了农村社会的基础，新的乡村治理模式必须解决村治的

①　徐勇：《中国农村村民自治》，华中师范大学出版社，1997年。
②　王华：《论农村行政机制的过渡性调整》，《浙江社会科学》，1990年第2期。
③　金太军，董磊明：《村民自治研究的兴起与拓展》，《社会科学研究》，2000年第3期。
④　王绍光：《公共财政与民主政治》，《战略与管理》，1996年第2期。

合法性问题。①

按照对于村民自治的发展前景来看,主要有积极论和谨慎论。积极论者认为,村民自治从一开始就孕育着极大的内源动力,在经过多年发展后,已经初步形成自身的运行逻辑。为此,它将不以人们的主观预设为转移,形成一股强大的力量,作用和反馈到国家顶层设计,这种国家构建与社会自转的内在张力的基层体现,影响着中国政治发展和民主体制的建设。村民自治具有很广阔的发展前景,它不仅会推动中国农村基层政治民主的巨大发展,还将成为中国民主发展的"领头羊",带动和促进整个中国民主化进程。谨慎论者认为,村民自治虽然取得了一定的成绩,但它同时也造成了许多问题,例如在自治意识较强的村庄出现了一些"过度自治化"现象,而在一些传统因素保留较多的村庄出现了宗族、宗教、黑恶势力威胁村民自治的问题等。为此,中国的农村民主过程应当谨慎进行。②虽然村民自治制度已经获得了一定的发展,但其政治后果尚难预料。③创新是村民自治向直接民主发展的重要路径,而创新就意味着超越现有的宪法秩序,这将会使权力中心面临巨大考验,并且在制度还未树立之前会面临制度短缺的问题,这都将成为村民自治发展的不利因素。④

同时,随着对村民自治的深入研究,不少学者逐渐从对基层民主的关注拓展为对于村庄社会本身的认识和理解,探索村庄社会内部生存和发展的基础,进而延伸出了更为广阔的研究领域。"正是通过村民自治,愈来愈多的学者进入乡村社会;正是村民自治研究的深化,乡村治理作为一个沉寂多年的问题才重新为学者所提及并关注;正是由于村民自治的发展,才激发起学

---

① 王旭:《乡村中国的基层民主:国家与社会的权力互强》,《经济与社会》,1997 年总第 40 期。

② 徐增阳:《中国农村村民自治:缘起、现状与发展趋势》,《人口与计划生育》,2005 年第 11 期。

③ 党国印:《"村民自治"是民主政治的起点吗?》,《战略与管理》,1999 年第 1 期。

④ 唐兴霖等:《中国农村政治民主发展的前景及困难:制度角度的分析》,《政治学研究》,1999 年第 1 期。

者们对整个乡村社会特性、结构以及更宏大问题的思考"①,当研究"不得不关注农村社会本身的运作逻辑,关心农村社会是如何自下而上地去接应那些自上而下的制度的过程以及其中发生的意外"②时,以村民自治制度为研究切入点的中国乡村政治研究进入一个更为宽广的领域。2001年华中科技大学农村问题研究中心与中国社会科学杂志社在湖北荆门联合举办了"转型期乡村社会性质学术研讨会",此次会议将"村治研究"称作"转型期乡村社会性质研究"③,探讨并实现了研究领域的转换与扩展,实现了从村民自治到"乡村治理"的转换。

(二)变革时期的乡村政治

随着改革开放的不断深入,城乡二元分化的政策效应开始显现,城市对乡村产生"虹吸"效应,乡村人口大量流入城市,资源要素也向城市聚集,传统乡村社会发生巨大变化。不少学者围绕乡村社会转型与变革对乡村治理、村级治理的影响展开研究,有的学者甚至深入乡土一线观察体验,对具体某一乡镇或某一村庄的治理情况进行了个案研究,生动直观地反映了当地农村农民的变迁与改变。比如,于建嵘的《岳村政治——转型期中国乡村政治结构的变迁》,通过对岳村一个多世纪的政治权力、政治参与和政治文化的变迁过程进行考察,剖析了转型期国家政治与乡村之间如何在互动博弈中实现乡村政治的发展。吴毅的《村治变迁中的权威与秩序——20世纪川东双村的表达》,通过对一个村庄的详细考察,以"村庄场域"概念构建了国家权威与乡村社会的互动式村庄秩序,双村的运行体制是在国家对村庄的挤压,

---

① 徐勇:《乡村治理与中国政治》,中国社会科学出版社,2003年,第223页。
② 贺雪峰、董磊明、陈柏峰:《乡村治理研究的现状与前瞻》,《学习与实践》,2007年第8期。
③ 吴毅、贺雪峰等:《村治研究的路径与主体——兼答应星先生的批评》,《开放时代》,2005年第4期。

以及村庄对国家的销蚀互动中形成的。应星的《大河移民上访的故事》，通过在平山县的调研，详细地展现了平山县移民上访与政府妥善解决的过程，分析了权力自上而下及自下而上的运作过程。还有吴毅的《小镇喧嚣：一个乡镇政治运作的演绎与阐释》、张乐天的《公社制度终结后的农村政治与经济——浙北农村调查引发的思考》等，都以具体的乡镇、村庄为研究样本，对农村基层政权的运作实践和生长逻辑进行了详细而深入的调查研究，详细展现了国家政权与政策作用于基层农村社会的过程。

在农村面临的诸多变革中，农村税费改革对农村建设、农业发展、农民生活的影响十分深远。不少学者围绕农村税费改革对乡村治理带来的影响进行了研究，包括税费改革前农村社会状况、农民与国家关系等情况的研究，以及税费改革后乡村治理的情况。比如，在税费改革以前，农民长期承担农业税费的压力，导致农村与城市的发展差距日渐加大，农民生活改善较慢，农业税费的负担甚至使得农民产生了一些不满情绪，在 20 世纪 90 年代中后期和 21 世纪初期，农民群体性事件时有发生。

为了减轻农民负担，推动农业农村发展，在国家具备了改善农村发展条件的能力下，2000 年 3 月，中共中央、国务院发布了《中共中央、国务院关于进行农村税费改革试点工作的通知》（中发〔2000〕7 号），决定以安徽作为农村税费改革的试点，探索进行农村税费改革。在总结试点地区改革经验的基础上，2003 年 3 月，国务院发布了《关于全面推进农村税费改革试点的意见》，决定在全国范围内开展农村税费改革以减轻农民负担。2005 年 12 月29 日，十届全国人大常委会第十九次会议决定，自 2006 年 1 月 1 日起废止《中华人民共和国农业税条例》。实行了 2000 多年的农业税自此退出历史舞台，中国乡村进入一个崭新的时代——后税费时代，农民负担从根本上得以解除，农村发展步入新的历史阶段，也开启了城乡统筹发展的新阶段。学界围绕农村改革带来的乡村关系转型、乡村治理变迁、城乡统筹等理论研究，产生了丰富的成果。比如，袁金辉的《冲突与参与：中国乡村治理改革 30 年》、王燕燕的《三农问题与乡村治理》。

（三）乡村治理的研究视角

乡村治理研究的视角大致可以分为宏观研究和具体研究两个方面。

宏观研究主要侧重国家权力对乡村社会的整合过程与作用，强调乡村治理的过程是国家权力深入乡村，将国家意志与政策在农村进行体现和执行的过程。代表性学者及其成果主要有：徐勇的《现代国家的构建与村民自治的成长》[①]，以及其关于国家通过政党权力、行政权力、法律政策、社会服务等对乡土社会进行整合的一系列文章[②]。其他学者有吴理财的《村民自治与国家政权建设》[③]、张静《国家政权建设与乡村自治单位——问题与回顾》[④]、龙太江的《乡村社会的国家政权建设：一个未完成的历史课题——兼论国家政权建设中的集权与分权》[⑤]、包先康等的《国家政权建构与乡村治理变迁》[⑥]等。将国家—社会关系理论运用于乡村研究是在柯文（Paul A. Cohen，1974）、费正清等西方汉学家对于中国研究要有"中国中心观"方法的倡导下开始的。在乡村治理研究中，不少学者运用国家—社会关系这一分析框架进行研究，因为不论从乡村社会发展的历史还是现状，其突出表现的就是国家政权

---

① 徐勇：《现代国家的构建与村民自治的成长》，《学习与探索》，2006 年第 6 期。

② 徐勇：《"行政下乡"：动员、任务与命令——现代国家向乡土社会渗透的行政机制》，《华中师范大学学报》（人文社会科学版），2007 年第 5 期；《"政党下乡"：现代国家对乡土的整合》，《学术月刊》，2007 年第 8 期；《政权下乡：现代国家对乡土社会的整合》，《贵州社会科学》，2007 年第 11 期；《"政策下乡"及对乡土社会的政策整合》，《当代世界与社会主义》，2008 年第 1 期；《"法律下乡"：乡土社会的双重法律制度整合》，《东南学术》，2008 年第 3 期。

③ 吴理财：《村民自治与国家政权建设》，《学习与探索》，2002 年第 1 期。

④ 张静：《国家政权建设与乡村自治单位——问题与回顾》，《开放时代》，2001 年第 9 期。

⑤ 龙太江：《乡村社会的国家政权建设：一个未完成的历史课题——兼论国家政权建设中的集权与分权》，《天津社会科学》，2001 年第 3 期。

⑥ 包先康等：《国家政权建构与乡村治理变迁》，《人文杂志》，2007 年第 6 期。

在乡村社会的渗透,以及乡村社会对国家权力的接受或者抵抗,两者的博弈关系决定了乡村社会发展的脉络与方向。从现阶段来看,自实行村民自治以来,乡村社会一方面要接受国家政权的调控,一方面在乡村内部又由自治组织进行民主管理,代表国家的行政权如何与代表村民利益的自治权相互协调便成为许多学者关注的课题,这一调节过程的实质就是寻求国家与社会的边界限度与相互关系的过程。为此,以国家与社会关系为分析框架易于从宏观上把握国家及村民自治组织在乡村社会发展中的职能边界。这一方面的研究大多集中于乡村治理的历史性研究和理论性研究。作为一种分析理论,国家—社会关系与市民社会理论不仅仅可以用于解释村庄权力及农村政治的发展,而且对于整个中国的转型与变革都是一种主导的研究工具。典型的如,周其仁通过对农民产权的研究,强调了村庄与国家之间的博弈与互动。[①]

从基层政权来看,有学者认为基层政府的运行体制、行为逻辑等都直接影响乡村治理的现实状况,为此从这一角度进行分析更能理解乡村现状的具体成因。这一研究又囊括了基层政府(主要是乡镇政府)的机构设置,以及运行机制、乡镇政府改革、乡镇政府行为逻辑,以及县乡关系、乡村关系等等。在乡村治理模式研究方面形成了不同的派别,以徐勇、温铁军、贺雪峰等为代表的一派主张"乡派",即将基层政权上收到县级,而乡将作为县的派出机构来完成县级政府的委托,对村民自治进行指导。而对于具体的"乡派"改革方法,以上学者之间又存在一些差异,徐勇主张"县政、乡派、村治",后又主张乡派、镇自治;[②]贺雪峰认为应当基于各地区的发展水平采取不同的治理模式,以农业为主的乡镇与以工业为主的乡镇分别实行不同的方式。[③]另

---

① 周其仁:《中国农村改革:国家与土地所有权关系的变化》,《中国社会科学季刊》,1995 年第 6 期。

② 徐勇:《县政、乡派、村治:乡村治理的结构性转换》,《江苏社会科学》,2002 年第 2 期。

③ 贺雪峰等:《县乡村体制整体设计的基本原则及具体进路》,《江西社会科学》,2004 年第 1 期。

一派学者的观点则主张撤销乡政权,将村民自治的范围扩大到乡镇,直接实行乡镇自治,变县为最基层的国家政权组织,这一观点的代表性学者有于建嵘。①还有一派学者主张保留乡镇层级,但通过改革实现乡镇在乡村的治理方式,代表性学者及其著作有赵树凯的《乡镇改革:检讨与展望——10省(区)20乡镇调查》《2004—2005中国农村经济形势分析与预测》、史卫民的《公选与直选——乡镇人大选举制度研究》、黄卫平的《中国基层民主发展的最新突破——深圳市大鹏镇镇长选举制度改革的政治解读》等。从乡镇政权运行逻辑角度进行的研究成果也十分丰富,代表性理论文章成果有:张静的《国家政权建设与乡村自治单位——问题与回顾》、周飞舟的《从汲取型政权到“悬浮型”政权——税费改革对国家与农民间关系之影响》、周雪光的《基层政府间的“共谋现象”—— 一个政府行为的制度逻辑》,杨善华的《税费改革后中西部地区乡镇政权自主空间的营造》、田先红等人的《税改后农村治理危机酝酿深层次的社会不稳定因素》、邢军的《税费改革后乡村社会治理的新探索:谯城模式——亳州市谯城区为民服务全程代理制的调查》等,这些研究从财政、制度结构、道德等多方面尝试着解释乡镇政权的行为逻辑及其转变的原因。

县乡关系与乡村关系也是乡村治理研究的重要领域,县乡关系体现了中国政府运转的制度逻辑,乡村关系则体现了行政权与自治权之间的互动与张力,两者共同主导着乡镇政府的行为逻辑。此方面研究的代表性成果有:荣敬本等著的关于压力型体制向民主合作型体制转变的力作,创造性地提出了“压力型体制”的概念,成为解释政府间关系、政权运行逻辑的一种主要视角。②徐勇的《走出“生之者寡、食之者众”的困境:县乡村治理体制反思

---

① 于建嵘:《乡镇自治:根据和路径》,《战略与管理》,2002年第6期。
② 荣敬本等:《从压力型体制向民主合作体制的转变》,中央编译出版社,1998年。

与改革》①、王圣诵的《县级政府管理模式创新探讨》②、于建嵘的《中国县政改革的目标和基本路径》③等。

二、国外研究综述

早在 20 世纪初期就有不少国外学者对中国乡村问题进行了深入研究，他们从不同的学科背景出发对中国乡村社会进行研究探讨。从社会学、人类学的角度对中国乡村社会进行研究的学者及其研究成果有：1913 年到中国上海沪江大学社会学系任教的美国社会学家葛学溥（Daniel Kulp，又译库尔普）其著作《华南的乡村生活——广东凤凰村的宗族主义社会学研究》（1925年），全方位地记录和分析了凤凰村的人口、经济、政治、教育、婚姻和家庭、宗教信仰和社会控制等。在该书中，作者提出了一个核心概念"家族主义"（Familism），他将这一概念解释为一种社会制度，在这种社会制度中，乡村生活中的所有的行为、标准、思想、观念都产生或围绕着基于血缘聚居的团体利益。家族主义在农村社会中处于中心地位，村落的所有其他制度，包括政治制度、社会控制、宗教信仰和亲属制度，都在家族主义的基础之上形成与运行。④被誉为美国中国学"创建之父"的美国历史学家费正清（John King Fairbank）及其著作 *The United States and China*（1948），对中国乡村社会进行了详细研究。他认为，乡绅是连接国家与农民的中间群体，对乡村社会发挥着事实上的统治作用，为此争取到了乡绅基层就是争取到了广大的农

---

① 徐勇、吴理财等：《走出"生之者寡，食之者众"的困境：县乡村治理体制反思与改革》，西北大学出版社，2004 年。

② 王圣诵：《县级政府管理模式创新探讨》，人民出版社，2006 年。

③ 于建嵘：《中国县政改革的目标和基本路径》，《甘肃理论学刊》，2008 年第 4 期。

④ ［美］丹尼尔·哈里森·葛学溥：《华南的乡村生活——广东凤凰村的宗族主义社会学研究》，周大鸣译，知识产权出版社，2012 年。

民。[1]除了纯粹的学术研究目的之外,国外对中国乡村社会进行的研究,有的是为本国制定政策提供依据,例如日本的"南满州铁道株式会社"(简称"满铁")。这一研究机构认为农民对于整个中国具有重大作用,他们将大量的精力投入中国农村研究上,主要通过抽样调查的方式在全国范围内不同村庄进行调查与研究,调查的内容涉及乡村社会的方方面面,例如村庄的规模、人口及结构、家庭资产结构、劳动力构成、家庭收支状况、继承制度、村庄行政与组织以及村、县财政关系等。其调查成果《中国农村惯行调查》成为许多日本学者及其他国家的学者对中国乡村社会进行研究的主要资料来源。据统计,保存在日本和美国大学里的满铁调查报告和文章就多达上万种。[2]

20 世纪中期,不少国外学者从政治学视角对中国乡村社会进行研究,例如英国柯鲁克夫妇(David & Isobel Crook)对中国十里店的研究及其两部成果——《十里店:中国一个村庄的革命》《十里店:中国一个村庄的群众运动》。其中,分别讲述了 20 世纪 30 年代十里店的村民们抗击日本侵略者,以及土地改革的过程;[3]1948 年十里店土改复查、整党工作,以及村民们对这场运动的响应,描述了十里店在这场运动所发生的种种变化。[4]1948 年美国学者韩丁(Willam Hinton)以观察员身份随同学校土改工作队到山西省潞城县张庄村(今属长治市郊区东厂镇)亲历半年土改,深入考察,写出了《翻身——中国一个村庄的革命纪实》(1966)一书。该书不仅记录了土改中所遇到的问题和干部所犯的错误,更重要的是记录了中国共产党的领导和张庄

---

① John King Fairbank, *The United States and China*, Harvard University Press, 1948.

② 徐勇、徐增阳:《中国农村和农民问题研究的百年回顾》,《华中师范大学学报》(人文社会科学版),1999 年第 6 期。

③ [加]伊莎白·柯鲁克、[英]大卫·柯鲁克:《十里店:中国一个村庄的革命》,龚厚军译,上海人民出版社,2007 年。

④ [加]伊莎白·柯鲁克:[英]大卫·柯鲁克:《十里店:中国一个村庄的群众运动》,安强、高健译,上海人民出版社,2007 年。

的人如何解决了这些问题和纠正了错误,达到最后成功。此书对土地改革进行了积极评价,将其描绘成农民在党的领导下摆脱经济剥削和文化压迫的翻身求解放的史诗性事件。①除此之外,也有不少国外学者从经济学角度对中国乡村社会进行研究,其中具有代表性的有,金陵大学农科教授卜凯及其著作《中国农家经济》(1936)。他用了五年时间对中国 7 个省 17 个县的 2866 个农场进行了详细调查,最后得出结论认为,中国贫困的根源在于人口过剩与过密,只有对人口增长进行控制,才能改变农村的贫困状态。②

20 世纪 80 年代以后,随着中国的改革开放,特别是家庭承包经营责任制和村民自治的实施,使得中国农村在经济和政治方面进入双重改革与转型,这一时期所出现的各种问题,例如集体经济的发展、村庄选举制度、公民参与等都成为学术界关注的焦点,也由此形成了对中国农村社会研究的再一次高峰。国外一些政府机构、学校和民间组织也纷纷在设立研究机构并提供资金,支持鼓励对中国乡村问题的研究,例如美国福特基金会、美国卢斯基金会等都出资支持中国国内和国外学者对中国乡村社会、政治、经济、文化等问题进行研究。国外对中国农村问题进行研究的机构例如美国的费正清东亚研究中心(Fairbank Center for East Asian Research)、法国的当代中国研究中心(The French Centre for Research on Contemporary China)、澳大利亚的澳大利亚亚太研究院 (RSPAS)(Research School of Pacific and Asian Studies) 等。国外有关中国农村的学术期刊主要有《中国季刊》(The China Quarterly)、《中国月刊》(The China Journal)、《现代中国》(Modern China)、《当代中国月刊》(The Journal of Contemporary China)等。

由于研究的再度兴起,在丰富的资金支持下,这一时期出现了大量的乡村研究成果,具有代表性的有:美籍华人学者黄宗智的《华北的小农经济与

---

① [美]韩丁:《翻身——中国一个村庄的革命纪实》,韩倞译,北京出版社,1980 年。

② 卜凯:《中国农家经济》,商务印书馆,1936 年。

社会变迁》,这一著作根据多种档案材料和实地考察,以社会学为依托,探讨了华北小农经济为何长期没能发展为资本主义经济的形式。[①]在其另一部著作《长江三角洲小农家庭与乡村发展》中,探讨了中国农村的商品化过程,并指出这一过程与西方国家具有较大差异,不是在农场主的盈利动机推动下而是在人口对土地的压力下推进的。[②]美国学者杜赞奇及其著作《文化、权力与国家:1900—1942年的华北农村》(1988)具有较大的国际影响力。这一著作的突出贡献就是提出了"权力文化网络""经纪人模式""国家政权内卷化"等概念。"权力文化网络"是一个有关文化与权力关系的概念,是指由乡村社会中所存在的,对权力的获取及运作具有影响作用的多种组织体系和价值规范所组成的网络系统,具体可以包括家族及家族条规、宗教及宗教信仰、乡村规约、地方民间组织等;"乡村经纪人"是指介于国家与乡村社会之间的乡村领袖,以谋取私利或者维护乡村利益为标准,可以将其区分为"赢利型经纪人"和"保护型经纪人"。对"乡村经纪人"的研究深化了国家与乡村社会的互动关系研究;"国家政权内卷化"是指国家政权不是靠提高自身效率,而是靠扩大外延——增设机构和增加税种来增加财政收入,结果导致国家财政收入的增长伴随着"赢利型经纪人"贪污贿赂的增长。这一理论表明20世纪以来中国国家政权现代化的努力遭到了失败。[③]舒秀文(Vivienne Shue)及其著作(*The Reach of the State*:*Sketches of the Chinese Body Politic*)(1988),着重研究了农村改革对农村社会造成的影响,并提出了"蜂窝结构"(Honey-comb)的论断。他认为,农村改革前虽然国家权力通过人民公社体制直达基层,但各村庄实际上却处于相对孤立分散的状态,表现为一种"蜂窝结构",

---

①　黄宗智:《华北的小农经济与社会变迁》,中华书局,1986年。

②　黄宗智:《长江三角洲小农家庭与乡村发展》,中华书局,2000年。

③　Prasenjit Duara,*Culture*,*Power*,*and the State*:*Rural North China*,*1900–1942*,Stanford University Press,1988.

横向权力难以扩充,一定程度上削弱了国家对村庄的控制;在农村改革后,村庄之间的横向权力加强,而国家权力在纵向方面并未萎缩,结果形成了国家对乡村社会控制力的加强。①

国外学者及在国外从事研究的中国学者对中国乡村研究的另一大领域就是农村基层民主,这一领域涌现出了一大批学者,例如欧博文(Kevin O" Brien)、李连江(Lianjiang Li)、白思鼎(Thomas P. Bernstein)、戴慕珍(Jean Oi)、柯丹青(Daniel Kelliher)、史天健(Shi Tianjian)、墨宁(Melanie Manion)、罗伦丝(Susan Lawrence)、郑永年、何包钢等。在中国改革开放后,这些学者大多获得了与国内学者进行合作研究的机会,获准进入中国农村进行田野调查,由此产生了大量的研究成果。例如,墨宁对村庄领导人、普通村民、乡镇领导之间在村庄选举中的关联问题进行了实证研究。结果显示,在村庄选举中,村庄领导人与新旧选民具有显著相关性,选民更倾向于选择同他们的思想更接近的候选人。②欧博文对村委会组织法在贯彻执行中的不平衡性进行了研究。他认为,村庄的行政注意程度、村民和村干部对自身利益及其资源的认识都是村委会组织法的贯彻执行效果的决定性因素,除此之外,目标的多样性和不一致性也是影响中央政策执行的重要因素,村委会组织法执行不力的一个重要原因就是,在完成国家任务与提高公众政治参与之间寻求平衡所导致的冲突。③郑永年等对中国农村民主发展的差异性进行分析,认为导致各地农村民主发展水平不均衡的最关键因素就是国家在基层民主发

① Vivienne Shue, *The Reach of the State: Sketches of the Chinese Body Politic*, Stanford University Press, 1988.

② Manion Melanie, the Electoral Connection in Chinese Countryside, *American Political Science Review*, Vol.90, 1996.

③ [美]欧博文:《中国村民委员会组织法的贯彻执行情况探讨》,《社会主义研究》,1996年第5期,1996年第6期。

展中所发挥的作用。①欧博文与韩荣斌从民主的概念分析入手进行，认为应当从权力的获得与权力的行使两个方面对民主进行考量。就村民选举而言，大多数研究更注重权力的获得而忽视了权力的行使，实践中，村民选举只是改变了权力的获得方式，并未从根本上改变权力的行使方式，这使得选举结束后村委会就处于一个很少变动的社会政治环境中，而获取权力的方式的改变所发挥的作用抵不上选举获胜者所处的非民主环境的作用。为此，农村选举程序得到显著改进，而在很多乡村民主选举的成效并不高。要在中国农村实现"高质量的民主"，不能仅仅依赖村民选举，更需要"民主决策、民主管理、民主监督"的权力行使方式。②何包钢、王春光同样认为，村民自治的程序与规则已经较为详细具体，然而村民的基本权益尚未得到有效保护，他们主张通过推进协商民主建设，赋予村民更多的民主决策权、民主管理权和监督权来更好地保障村民的基本权益。③

三、主要概念

（一）乡村

从地域、社会性质、人口规模等特征出发，不同学科背景的学者对乡村具有多种不同解释。典型的如，社会学的学者多从社会文化的角度，从城乡居民行为的差异性对城市与乡村进行区分界定，一般认为乡村居民具有自身的特征——人与人之间的关系更为密切、风俗习惯约束性较强、血缘观念较重、居民较为保守等。有的学者从人口聚集规模的生态学角度进行界定，认为乡村是人口聚集规模较小的地方，而且这些聚集地之间存在较大的开

---

① 陈明通、郑永年主编：《两岸基层选举与政治社会变迁》，台湾月旦出版社，1998 年。
② ［美］欧博文、韩荣斌：《民主之路？——中国村民选举评析》，《国外理论动态》，2011 年第 7 期。
③ 何包钢、王春光：《中国乡村协商民主：个案研究》，《社会学研究》，2007 年第 3 期。

阔地带。还有的从职业角度对乡村进行的定义,认为乡村是与农村含义相同的一个概念,主要指以农业生产为主的区域。这些特征同时存在于乡村社会实际生活中,只是依据不同的研究目的,不同学者所强调的侧重点不同。本书所进行的乡村治理研究,主要是从政治学的角度对乡村社会的治理状况进行探讨,侧重的是乡村与城市在获得社会秩序方面的不同。在参考借鉴其他学科定义基础上,可以将"乡村"理解为:在农业生产为主的地域里具有一定自治性的社会,在这样的社会中,居民按照国家法律规定,以约束力较强的自治规章、村规民约,以及风俗习惯等实现社会秩序。

(二)治理

"治理"(governance)源于拉丁文和古希腊语,原意为控制、引导和操纵,主要与"统治"在政治领域交叉使用。自 20 世纪 90 年代起,"治理"被一些国际性组织如世界银行、经济合作与发展组织、联合国开发署,以及西方经济学家们赋予新的含义,广泛运用于政治、社会、经济领域。多领域的运用导致了"治理"概念的混乱,以至有的学者认为,它已经成为一个"可以指涉任何事物或毫无意义的'时髦词语'"[1]。由于与"统治"的特殊关系,国内外学者们在界定"治理"概念的时候,大多从"治理"与"统治"的区别入手进行分析,代表性的学者及观点有:罗西瑙(J.N.Rosenau)将治理定义为一系列活动领域里的管理机制,它们虽未得到正式授权,却能有效发挥作用。与统治不同,治理指的是一种由共同的目标支持的活动,这些管理活动的主体未必是政府,也无须依靠国家的强制力量来实现。[2]国内学者俞可平对治理定义为:"治理一词的基本含义是指官方的或民间的公共管理组织在一个既定的范围内运用

---

① [英]鲍勃·杰索普:《治理的兴起机器失败的风险:以经济发展为例的论述》,《国际社会科学》(中文版),1999 年第 2 期。

② 俞可平主编:《治理与善治》,社会科学文献出版社,2000 年,第 2 页。

公共权威维持秩序,满足公众需要。治理的目的是在各种不同的制度关系中运用权力去引导、控制和规范公民的各种活动,以最大限度地增进公众利益。所以,治理是一种公共管理活动和公共管理过程,它包括必要的公共权威、管理规则、治理机制和治理方式。"[1]为了使治理含义更为清晰,他还对"治理"与"统治"进行了比较:①统治与治理的权威有区别。政府是统治的唯一权威,而治理的权威不一定是政府权威,除了政府机关外,还可以是公共机构、私人机构,以及两者的合作;②统治是政府运用权力对社会事务自上而下的单向管理,而治理则是一个政府与社会的协商、合作过程,在上下互动中实现对社会事务的共同管理。[2]在多种定义中,学者普遍认为,全球治理委员会(1995)的定义具有很大的代表性和权威性:治理是各种公共或私人的机构和个人管理其共同事务的诸多方式的总和。它是使相互冲突的或不同的利益得以调和并且采取联合行动的持续的过程。它既包括有权迫使人们服从的正式制度和规则, 也包括各种人们同意或以为符合其利益的非正式的制度安排。[3]可见,治理主要强调公共权力与社会权力在解决社会问题、满足公众需求方面的互补与合作。

(三)乡村治理

乡村治理的概念最早是 19 世纪 90 年代末由华中师大的学者提出,原指"乡村公共权力对社区公共事务的组织、管理和调控"[4]。后随着乡村治理研究范域的扩大,乡村治理的内涵和外延也不断得到扩展。例如,贺雪峰将乡村治理重新定义为"如何对中国的乡村进行管理,或中国乡村如何可以自

---

① 俞可平:《治理与善治引论》,《马克思主义与现实》,1999 年第 5 期。
② 俞可平主编:《治理与善治》,社会科学文献出版社,2000 年,第 5~15 页。
③ 孙文平、朱为群、曾军平:《现代国家治理理论研究综述》,《地方财政研究》,2015 年第 7 期。
④ 贺雪峰:《村治研究的意义与方法》,《青海师大学报》(哲社版),1999 年第 2 期。

主管理,从而实现乡村社会的有序发展"①。党国英从公共产品提供的角度进行界定,认为"乡村治理是指以乡村政府为基础的国家机构和乡村其他权威机构给乡村社会提供公共产品的活动"②。也有学者从治理角度出发,将乡村治理的核心归结为多元主体间的合作与互动关系。例如,郭正林提出:"所谓乡村治理,就是性质不同的各种组织,包括乡镇的党委政府、'七站八所'、扶贫队、工青妇等政府及其附属机构,村里的党支部、村委会、团支部、妇女会、各种协会等村级组织,民间的红白喜事会、慈善救济会、宗亲会等民间群体及组织,通过一定的制度机制共同把乡下的公共事务管理好。"③张艳娥认为:"乡村治理是包括乡镇范围以内的乡镇、行政村和自然村庄在内的三个层次之间,包括政府组织和乡村社会以及其他主体在内的一种围绕公共权力与资源配置运用的多向治理关系,是对传统政府一元统治模式的超越,其特点是强调多中心参与、分工合作,目的在于实现乡村的善治"。④

综观学者们对乡村治理的概念解释,可以看出乡村治理的核心就是"由谁来治""怎么去治",即治理主体和治理方法,与传统的社会管理有着较大区别,是对管制、管理的发展。本书认为,乡村治理是基层权力组织与农村自治组织共同维护乡村社会秩序、推动乡村经济社会文化发展的过程,其中治理主体主要包括基层的乡镇政府、乡镇党委与农村基层党委、村民委员会、村民大会与村民代表大会等,治理方式主要是法治、自治、德治等。

(四)乡村治理结构

基于对乡村治理概念的理解不同,不同学者对于乡村治理结构的概念

---

① 贺雪峰:《乡村治理研究与村庄治理研究》,《地方财政研究》,2007年第3期。

② 党国英:《我国乡村治理改革回顾与展望》,《社会科学战线》,2008年第12期。

③ 郭正林:《乡村治理及其制度绩效评估:学理性案例分析》,《华中师范大学学报(人文社会科学版)》,2004年第4期。

④ 张艳娥:《关于乡村治理主体几个相关问题的分析》,《农村经济》,2010年第1期。

也有不同解释。赵晓峰认为,乡村治理结构其实与治理制度的含义相同,只是人们在提及时所强调的侧重点不同。他认为:"治理指制度的建设和运用,它是为了实现特定的目的和秩序,通过创设或遵守一定的规则,搭建组织或组织间的构架实现的。当强调规则时,人们一般称之为制度;当强调组织结构时,则称为治理结构……乡村治理结构的核心是乡村社会的组织问题"[1]。马宝成则从治理的构成要素进行分析,认为乡村治理结构主要指各治理主体在各自权力、职责范围基础上的行为模式,以及相互之间的关系。[2]"结构"的基本意思是每个组成部分的排列组合。[3]乡村治理结构的含义就是乡村治理的构成要素之间的排列组合方式,其实质是权力运作关系。

四、基本理论

(一)国家与社会关系理论

自国家产生以来,国家与社会便构成了一对矛盾体。人类发展的历史就是国家与社会不断博弈、此消彼长的过程,人类所进行的政治活动也大多围绕国家与社会间的权力关系进行。在不同的历史时期与地域里,国家与社会这一对矛盾在运动发展中呈现出不同的关系态势与特点,这些特点反映到人们的观念中就形成了对于国家与社会关系的不同理解,这些主观感受与经验通过整理与规范进而形成了一定的理论。从人类发展的历史与实践经验来看,国家与社会的关系复杂而多变,任何一种角度的理论解释可能都难以将两者关系完全呈现出来,然而作为一种理解社会、解释社会进而改造社会的分析框架,进行某种角度的尝试是很有必要的。

---

① 赵晓峰:《中国乡村治理结构的转变》,《重庆大学学报》(社会科学版),2013 年第 2 期。
② 马宝成:《乡村治理结构与治理绩效研究》,《马克思主义与现实》,2005 年第 2 期。
③ 《现代汉语词典》,吉林教育出版社,2008 年,第 582 页。

人们通过国家与社会关系的视角分析理解各种社会现象是在近代以后，是对国家与社会分离后出现的各种问题进行反思的结果。随着商品交换和自由贸易的发展，为了获得更大的贸易自由和更多的利益，市民阶级总是努力通过各种方式从封建主那里争取到更多的自治权，借助市场经济的力量，社会渐渐获得自主性并形成一个不受国家任意干预的"私域"，与国家政治生活的"公域"相对应。在由自由贸易产生的平等观念下，人们开始重新思考社会秩序与规则，这就"使得既有社会秩序和权威模式成了问题。社会秩序的基础或渊源在传统上被认为存居于某些外在于社会世界的实体之中——上帝、君主甚或传统规范和行为本身。到十七世纪末，这些关于秩序的原则开始受到越来越多的责疑"①。人们渐渐抛弃专制的上帝秩序或者国家秩序，试图从社会自身中寻找重建社会秩序的力量，由此导致了市民社会与政治国家的二元对立。市民社会的兴起重构了国家与社会关系的结构，在新的二元结构下，人们开始对国家与社会孰先孰后、孰重孰轻等问题进行理性思考，这构成了国家与社会关系理论的最初来源。基于国家与社会关系的不同认识，在如何分配政治权力、如何保障政治权利、如何实现公共利益等问题上形成了不同的政治主张，这些主张经过不断实践与完善，形成了近代西方政治制度的理论基础。发展至今，国家与社会关系理论大致形成三种模式：

第一种模式是国家与社会"一元化"模式。这一模式又包含了两种状态：一种是社会包含了国家，另一种是国家吞并社会。在人类社会的历史上，前者曾经出现在古希腊的城邦时代，后者曾经出现在封建专制时期。

在古希腊时期，城邦生活既是社会生活同时也是政治生活，城邦公民的身份要求其必须通过公民大会或者担任公职等方式参与城邦各种事务的管

---

① 邓正来、[英]J.C.亚历山大编：《国家与市民社会：一种社会理论的研究路径》，中央编译出版社，2002年，第51页。

理。在城邦中,个人事务就是公共事务,公共事务的管理又依赖社会中每个公民的参与,一个好公民必然是积极参与城邦事务的人,这样公民生活的全部内容就是对城邦进行管理的内容, 城邦也就成为每个公民生活的全部内容,维护了公共利益也就是维护了个人利益,国家与社会是合而为一体的。正是通过对城邦生活的观察与研究,亚里士多德得出了"人是天生的政治动物"这一论断,他认为,那些离开城邦而能够生活的人,不是野兽便是神明。国家与社会的合一之所以能够在城邦生活中出现, 主要是因为城邦的规模比较小,在狭小的城邦里直接民主成为可能,城邦公民通过公民大会直接实现对政治事务的讨论与投票,这种直接民主强化了公民的国家认同感,使得公民能够通过参加公共生活表达和实现自己的个人利益, 从而使国家消融于社会中。国家与社会合一的另一种形态就是国家包含社会,这突出表现为封建专制制度下的国家与社会关系。在封建专制国家中,王权成为政治共同体内的最高权威,并将权力渗透到了社会的每个角度,使得"没有一个城市、乡镇、村庄、小村、济贫院、工场、修道院、学院能在各自的事务中拥有独立意志,能够照自己意愿处置自己的财产"①。这样,国家掌控了一切财产资源的管理与处置权,政府几乎成为无所不能的全能者,而社会则湮灭在国家的强权之中。这是面对个人利益和公共利益的冲突所进行的一种极端解决方式,正如马克思和恩格斯所说:"正是由于私人利益和公共利益之间的这种矛盾,公共利益才以国家的姿态而采取一种和实际利益(不论是单个的还是共同的)脱离的独立形式,也就是说采取一种虚幻的共同体的形式。"②这直接导致国家成为社会利益的最高代表,王权成为不受限制的最高权威,并通过领地分封使市民社会仅仅依附于政治权力。国家权力不受限制的发展,市民社会空间的减少,构成了另一种国家与社会的合一模式——国家吞并社会。

---

① [美]托克维尔:《旧制度与大革命》,冯棠译,商务印书馆,1992 年,第 91 页。
② 《马克思恩格斯选集》(第一卷),人民出版社,1972 年,第 38 页。

第二种模式是国家与社会二元对立的模式。在实现国家与社会相对分离之后，围绕"在个人权利的维护与实现方面，国家与社会的作用孰重孰轻"这一主旨，产生了理论分野：一派主张以国家为中心，强调国家的作用和价值，认为社会的作用可有可无，也被称为国家中心主义；与之相反，另一派则以社会为中心，认为社会先于并优于国家，国家权力才是对个人权利进行侵犯的主要因素，主张通过社会制约实现个人权利的维护，持这一观点的也被称为社会中心主义。

国家中心主义观点最具代表性的学者当属黑格尔。黑格尔在对市民社会进行理性批判的基础上提出，国家才是实现普遍利益和特殊利益的唯一途径。黑格尔认为，市民社会本身具有无可消除的自我削弱的趋势，他这样对其进行描述："市民社会是个人私利的战场，是一切人反对一切人的战场，同样，市民社会也是私人利益跟特殊公共事务冲突的舞台，并且是它们二者共同跟国家的最高观点和制度冲突的舞台。"[①]市民社会的这种自利性不能通过自身加以规制，也就无法保证公共利益的实现，为此，只有寻求一种超越社会之上的外在力量，才能克服市民社会的自利性，这种力量就是国家权力。作为一种"绝对自在自为的理性东西"，国家可以通过国家法或者国家制度，通过绝对权力整合市民社会所含的特殊利益，并将之糅合进一个代表普遍利益的政治共同体。在黑格尔看来，国家不仅仅是实现普遍利益的工具，国家本身就是目的，个人和社会是为国家而存在的，个人的自由和权利只有符合实现国家最高目的时才有意义。由此可见，黑格尔崇尚的是国家至上主义。

社会中心主义观点的代表性学者主要是 18 世纪的启蒙思想家们，如霍布斯、洛克、卢梭等。他们以自然法为预设，通过社会契约论构建国家与社会

---

① ［德］黑格尔：《法哲学原理》，范扬等译，商务印书馆，1961 年，第 309 页。

关系,认为国家是人们为了保护和实现个人权利,在自愿的基础上缔结契约的结果,为此,社会先于并高于国家。以契约论为基础,保护个人的基本权利成为一切问题的出发点, 在解决这一问题上他们并没有寻求国家力量的保护,相反他们认为国家权力具有天然的膨胀性,是对人民的生命、自由、财产权利形成威胁的最大因素,因此,必须防止国家对社会的侵犯,主张通过法治来限制国家权力。这样,在契约论的基础上,这些自由主义思想家们提出了"天赋人权""法律至上""分权与制衡"等政治主张,构成了西方近代政治制度的理论基础。启蒙思想家们从政治的角度建构了市民社会理论架构,亚当·斯密则从经济学的角度对近代意义上的市民社会理论架构进行了新的论证。他提出了著名的自由放任的经济自由观,认为只要国家不进行干涉,通过市场这只"看不见的手"的作用,个人在追求自身最大利益的过程中就能够增进全社会的利益。为此,社会比国家在资源配置与利益实现方面更具有优势,因为"每一个人处在他当地的地位,显然能判断得比政治家或立法家好得多"①。这些观点隐含了经济领域的社会乃是独立于政治领域的国家这一前提, 从而从经济学的角度实现了对国家与社会关系中更应当注重社会独立性的论证。这些有关国家与社会关系的观点和主张,后经杰斐逊、汉密尔顿等思想家的继承与发展,为西方民主宪政奠定了基础。

国家中心主义与社会中心主义从不同角度看到了国家或社会在保护个人权利、实现公共利益等方面各自不同的作用,但两者却具有一个共同的倾向,就是在关心国家或社会的同时却忽视了另一方的作用与意义。到了 20世纪,这一倾向渐渐得到矫正,其表现就是以"国家中心主义"为指导的国家发展路线与以"社会中心主义"为指导的社会发展路线趋向交融。

第三种模式为国家与社会互动合作的模式,即在"公域"与"私域"的界

---

① [英]亚当·斯密:《国民财富的性质和原因的研究》(下卷),郭大力等译,商务印书馆,1974年,第27页。

限渐渐模糊的社会形势下,国家权力与社会权力互相渗透,通过两者的协商合作共同处理公共事务与公共事业。

进入 20 世纪后,发达国家进入后工业化时代,在市场经济高度发展的同时出现了"政府失灵"和"市场失灵"问题,这些问题迫使人们打破国家与社会二元对立的限制,重新思考和定位国家与社会之间的关系,并试图通过两者的互补与合作克服政府与市场的失灵问题,以提高资源配置和利用效率,进而维护个人权利和实现社会利益。从当前欧美国家的发展实践来看,国家与社会之间、公域与私域之间的界限变得模糊不清,这构成了国家与社会合作的社会前提。在资本主义社会晚期出现了国家社会化,以及社会国家化的双向运动。在凯恩斯的政府干预理论指导下,西方国家加强了对社会众多领域的干预与控制,养老保障、失业保障、医疗等以前属于私人领域的事务都成为由国家管理的公共事务;另一方面,"在国家干预社会领域的同时,私人团体也承办起公共事业。"①"第三部门"在提供公共产品和公共服务方面发挥了越来越重要的作用。在国家与社会的边界日益模糊的情况下,任何单向度地从国家角度或者从社会角度看待两者关系都是不恰当的,公私领域的日渐重合要求两者不断朝交融与合作的方向发展。

公共管理中的治理与善治理论就是在国家与社会交融合作的要求下发展而来的。在 20 世纪后期,治理理论因其综合性及实践的有效性赢得了政治家和选民的认同与支持。治理理论否定和抛弃了传统的单纯依靠国家进行统治的观念,主张多行为主体通过协商与合作对社会公共事务实施管理。这意味着市民社会中的私人机构、非政府机构成为公共管理的行为主体,与公共机构一起承担必要的公共管理职能。

---

① 于海:《公共领域的起源和演化》,《社会》,1998 年第 6 期。

(二)治理理论

治理理论的兴起与社会资源配置过程中政府与市场都存在失效有很大关系。在资源配置过程中,政府与市场都存在一定的局限性,市场的局限性表现在提供公共产品、限制垄断、约束和克服生产的随意性等方面,单凭市场的手段无法实现帕累托最优;政府的局限性表现在政府的自利性及官僚主义、政策,行政的低效率、信息不完全和不对称等,单靠政府的计划、命令等手段也无法实现资源的最优化配置。正是由于政府与市场的失效,很多学者期望通过融合了政府、市场与社会公民等多元主体的治理机制来弥补两者的不足,"正是在对政府与市场、政府与社会、政府与公民这三对基本关系的反思过程中产生了治理理论。这一理论在政府、市场与社会三者角色的定位, 以及如何通过相关制度和机制实现三者之间的协调与合作等诸多重大问题上取得了研究上和实践中的成效, 现已逐渐成为公共管理的一个重要价值理念和实践追求"①。

治理理论的核心观点主要有:第一,权力主体的多元化。政府不再是唯一的管理主体和权力中心,在社会公共事务的处理过程中,只要能够得到公众的认可, 各种公共的和私人的机构都可以成为在各个不同层面上的权力中心,成为治理主体之一。为此,治理理论的核心观点就是治理主体的多元化。第二,治理主体间责任共担。治理意味着在解决各种社会和经济问题的过程中,社会可以部分地承担原先由政府独自承担的责任,这样政府与社会在解决问题方面责任共担。第三,权力主体互相依赖。治理强调为了实现目的,多种权力主体必须进行谈判协商与资源交换,各参与者所持有的资源、游戏规则,以及进行交换的环境都会影响到治理结果的实现,权力主体间存

---

① 刘素仙:《治理理论与政府管理创新》,《中国行政管理学会 2010 年会暨 "政府管理创新" 研讨会论文集》,2010 年。

在权力依赖。第四,治理方法的多样性。在治理手段与方法方面,政府不再局限于传统的行政性强制管理手段,为了提高效能,还可以而且有义务采用新的方法和技术以对公共事务进行引导和控制。第五,治理的网络系统。治理理论通过管理对象的积极参与形成一个网络管理系统,这个系统是某一领域的独立系统,通过系统内参与者的合作实现自主与自立。

治理理论也存在一定的局限性。首先,政府与社会组织之间权力与责任划分不明确会导致一系列问题:当政府与社会组织由于利益差别导致治理失败时,他们会不会互相推卸责任?他们之间的矛盾如何解决?由谁来解决?对于这些问题,治理理论都没有给出明确的答案。其次,民间组织的失灵。民间组织并没有治理理论想象的那样完美,它同政府、市场一样同样存在失灵或失败,它的失灵由其自利性导致,每个组织都会追求自身利益,甚至会为了私利而损害公共利益,从而给公民、社会和政府造成一定的伤害。当治理理论强调政府权力进行收缩,不再是唯一权力控制中心时,由谁来克服民间组织的失灵,则是治理理论的又一困境。再次,全球治理理论有可能成为霸权主义和强权政治的手段。"全球治理理论建立在政府的作用和国家的主权无足轻重、民族国家界限模糊不清的前提之上。"①这一理论极易被一些强国和跨国公司利用,为其干涉别国内政提供理论支持。在各国发展过程中存在较大的差异性,尤其是不发达国家与发达国家更是千差万别,如果对治理理论不加警惕地全盘接受,极有可能成为强国推行霸权主义的借口,威胁国家安全,损害国家利益。

为了克服治理的困境,学者们提出了多种可能的解决途径,其中"善治"成为影响较大的一种理论。善治(good governance)又译为"良好的治理",是20世纪90年代以来频繁出现于英法政治学文献中的一个术语。国内学者俞

---

① 俞可平主编:《治理与善治》,社会科学文献出版社,2000年,第14~15页。

可平在将治理理论引入中国之时,在其编著的《治理与善治》中详细描述了善治的本质特征:善治是使公共利益最大化的社会管理过程,其本质特征在于它是政府与公民对公共生活的合作管理,是政治国家与公民社会的一种新颖关系,是两者的最佳状态。善治应当具有以下五种基本要素:合法性(legitimacy)、透明性(transparency)、责任性(accountability)、法治(rule of law)、回应(responsiveness)、有效(effectiveness),后又发展为十要素。[①]近年来,随着民主理念在全球范围内的蔓延,传统的公共权威日益削弱,善治理论渐渐获得更多领域的认可,并成为一种主流的公共管理理论。

治理理论被引入我国并付诸政治实践是在党的十八大之后,在此之前,政府的行政管理一直为主线。新中国成立之后,我国基本上形成了一套以政府为主体的自上而下的行政管理模式。其特点在于强调政府在社会管理中的主体地位,通过社会动员、社会控制、社会运动等方式实现对社会的有效管理,这种方式对于建立社会秩序、进行社会整合、维护社会稳定具有重要作用,进而为推动经济发展和提高人民生活质量奠定了良好的社会基础。然而,随着改革开放的不断深入与中国市场经济体制的确立与发展,在基本解决了社会温饱问题的情况下,民众的需求逐渐从同质化向多样性方面转变,人们的思想文化观念也产生了多元化趋向。在这样的形势之下,传统社会管理模式下为追求秩序而依靠政府"支配""平衡"社会的管理方法,已经不能适应社会发展需求,甚至出现了一些管理弊病和社会问题。比如,过度高昂的社会管理成本、低迷的公民参与程度,以及社会活力不足的景象等,在经济、社会发展转型的新时期愈加明显,并越来越成为制约社会创造活力的掣肘,对于政府管理效能的提升、经济发展方式的转变、社会利益冲突的解决、公民民主权利表达等都产生了一定的限制或制约。因此,转变以政府为主要

---

① 俞可平:《引论:治理与善治》,俞可平主编:《治理与善治》,社会科学文献出版社,2000年,第8~11页。

管理主体的传统社会管理模式，不仅关系社会管理成本的缩减和政府管理效能的提升，而且关系整个社会的转型、经济的持续发展，以及民众利益表达与实现的现实需求，乃至整个社会的稳定与发展。在此背景下，转变传统的社会管理模式，在决策中吸纳更多的民情社意、激发社会创造活力，就成为必然要求。随着经济的高速发展和社会结构的迅速变迁，中国社会多元利益群体的利益差异越来越明显。

进入新时代，党的十八大提出，"围绕构建中国特色社会主义社会管理体系，加快形成党委领导、政府负责、社会协同、公众参与、法治保障的社会管理体制"，社会管理主体向多元转变，社会管理方式从单向度向多维度转变，社会管理的多样性和互动性以法治作为保障。党的十八届三中全会提出要"让一切劳动、知识、技术、管理、资本的活力竞相迸发，让一切创造社会财富的源泉充分涌流"，同时提出了"国家治理体系与治理能力现代化"的总目标。其中，社会治理成为与政府治理、市场治理相并列的国家治理体系的三大核心内容之一。此后，激发社会活力，增强社会治理创新的要求，不断被提上议事日程。2014年1月7日在中央政法工作会议上，习近平总书记明确指出，要处理好活力和秩序的关系，坚持系统治理、依法治理、综合治理、源头治理，发动全社会一起来做好维护社会稳定工作。党的十八届四中全会公报提出，"推进多层次多领域依法治理，坚持系统治理、依法治理、综合治理、源头治理"，推动了社会管理从向社会治理的整体转变。

从字面来看，"社会管理"与"社会治理"只有一字之差，但就内涵而言，相比管理，治理从主体、方式、途径、目的等多方面都有了新的要求，体现了理念上的巨大转变。首先，社会治理更加注重社会运行的科学性、系统性、整体性和协调性。在社会治理理念下，不再是"碎片化""分散化""割裂化"的局部管理，社会秩序的维护和达成也不再是政府单方面的事务，而是要从源头上，通过整体规划和全面统筹，整合党、政、社、民的优势，把政治、经济与社会作为一个整体与系统,注重相互协调,解决在追求改革、稳定、发展过程中,因缺乏整体性而引发的一些深层社会矛盾和问题。其次,社会治理注重治理方式的多样性和柔韧性。与传统的政府单向度的强制性管制不同,社会治理更强调公民对社会公共事务的参与和自治,在激发公民社会创造力的同时,发挥社会自身在均衡利益、协调矛盾等方面的作用。但也不排斥政府对于公共事务的管理,而是强调运用"多中心""网络化""协同化"的多重手段和方式,增强全体公民的主体参与意识和社会责任意识,在依法治国、依法行政的前提下,把民主协商、公众参与、平等互助、强化社会责任、求得各界认同作为现代治理的重要手段。总体而言,社会治理更加注重主体的多元性、法治的保障性、施政的系统性、改革的根本性。这种转变体现了社会治理的目标兼具秩序与活力、稳定与民主的多重价值追求。

第二章　历史传统与治理嬗变：
税费改革前乡村治理结构的历史演变

中国是一个历史悠久的农业大国，自古以来，农村人口就占据了国家人口的绝大部分，良好的乡村秩序是整个国家稳定的基础，乡村治理本身也是一个源远流长的过程。从宏观上来看，中国乡村治理结构的转变是与国家经济发展、政治制度变迁以及军事战略等因素密切相关的。

一、传统乡村社会："县政绅治"

在长达 2000 多年的封建社会，中国绝大多数时间都在实行中央高度集权体制，"皇帝是国家统一性、整体性的权威象征，统治权高度集中于中央，中央权力又高度集中于皇帝……皇权因此成为权力的内核，并吸附和控制着国家和社会"。[①]国家主要通过延伸至各地方的封建官僚及机构实行统治，而封建官僚集团作为"皇权代理人"，直接对其所负责的地区进行管理。然

---

① 徐勇：《国家建构中的非均衡性和自主性分析》，《华中师范大学学报》（人文社会科学版），2003 年第 5 期。

而,由于地域广阔及交通信息的不便利性,皇权要对乡村社会进行完全的统治,其施政成本相当巨大,也影响着管理的效率。因此,封建集权制并不意味着皇权的统治可以覆盖全国,国家机构的行政力量很少能与业已划定的疆界保持一致,为此国家需要通过中介与广大的农村社会连接起来,以保证国家在乡村社会的资源提取能力与控制力。这一中介从制度上来讲就是以保甲制为代表的乡村管理制度,而从人员上来讲就是在乡村社会具有较高权威的乡绅阶层。

在古代中国相当长的时期,"皇权止于县政",正式的国家政权机构到县级为止,县级以下不设立政治国家机构,而是建立一种具有权威的非吏治的乡村管理制度,这种非官方的管理制度"如北魏的三长制、北齐的党、闾、邻里,北周的党、闾、里,隋初的族、闾、保,宋代的牌、甲、保,以及明清两代的乡、都、图(或乡、都、里,或乡、都、村等)"[①]。与县级以下乡村社会治理制度的非吏治性相对应,乡村社会的治理人员也不是出自官吏,而是在乡村社会具有较高威望的士绅。根据美国学者杜赞奇(Prasenjit Duara)的研究,权力源于共同的文化网络,即在具有共同的宗教信仰、是非标准及亲情关系的社会网络中,人们不仅仅因为物质利益,更为了受他人尊敬的权威与社会地位、社会责任而追求领导地位。为此,"乡村社会的领袖只能产生于具有共同象征性价值观念的组织结构之中"[②]。这些产生于乡村社会本身的乡绅之所以能够成为乡村社会的实际治理者,除了杜赞奇所说的权力文化网络因素之外,还在于其通过科举考试在乡村社会树立起的权威。在中国古代发挥着重要作用的科举制,不仅为国家选拔了大量的"知识精英"从政,也为乡村培养了

① 吕云涛:《中国乡村治理结构的历史变迁与未来走向》,《山东省农业管理干部学院学报》,2010 年第 2 期。

② [美]杜赞奇:《文化、权力与国家——1900 到 1942 年的华北农村》,王福明译,江苏人民出版社,1996 年,第 20 页。

大量的士绅,这些士绅通过国家的考试与"认证",树立了一定程度的"合法性"。一方面,他们通过学习与参加科举考试,已经将中国家国同构的传统文化渗透到骨子里,是政权统治的忠诚拥护者;另一方面,他们长期居住于乡村,对本乡本土的地域文化具有强烈的认同感,可以成为乡村利益的代表者与维护者。为此,士绅阶层成为乡村治理的重要主体,他们既协助县政维持治安、征收各种赋税和摊派,又协调管理水利、教育等乡村公共事业,通过协调乡村与政府的关系实现对乡村利益的维护。

在"县政绅治"的乡村治理结构下,乡村社会能否获得安定,取决于国家、乡村及其中间阶层——乡绅之间利益的衡量与协调,取决于三者政治经济利益能否互惠。其中,处于中间层级的乡绅阶层发挥着重要的作用,他们必须有促进地方利益共同体形成的能力,有一系列综合共同体利益的规则,才能既在乡村获得强制之外的社会服从的力量,同时又能将国家政策与乡村实际状况结合起来。在中国传统王朝的大部分时间里,乡绅阶层成为国家与乡村沟通的重要渠道,他们具有承上治下的职能,使乡村与国家保持良性互动,也由于他们的存在,中国的乡村在大部分时间里保持着安宁有序的状态。为此,中国传统乡村治理具有一种"县政绅治"的结构特点。

进入近代,"县政绅治"模式开始走向衰败。尽管清政府在乡村仍然推行所谓的"乡镇自治",但由于乡绅治理赖以存在的社会基础已经随着工业化、市场化和城市化的推进而逐渐瓦解。到了国民党统治时期,乡村治理模式的选择更是为了军阀利益而开展,其结果是本来就不稳定的乡村治理结构更被削弱或破坏,广大人民流离失所,生存艰难。在此种环境下,生存于乡间接受儒教仁政教育的乡绅们不愿再承担对乡村过度盘剥的责任,大批乡绅放弃混乱的乡村生活转而投向城市,在那里他们同样可以利用自己的文化知识生存下去,乡村社会形成一种"匪进绅退"的治理状况,国家权力与乡村社会之间的体制性中介发生异变,经纪体制扩张并使国家政权内卷化。[①]

二、新中国成立初期(1949—1957年):乡—行政村政权并存

中华人民共和国的成立终结了晚清和民国时期普遍存在的国家政权内卷化的扩张,终止了乡村政权"土劣化"倾向。在新中国成立初期,乡村政权的恢复与建设具有两大任务:一是重新将农村社会整合起来,维护农村社会的秩序与稳定;二是从农村提取资源剩余,为工业化建设提供资本积累。新中国成立初期的乡村治理结构主要是在这两大任务的影响下进行调整与重构。

为了将农村社会重新整合起来,并树立起中国共产党在乡村社会的政治权威,从 1950 年到 1953 年,我国开始在全国范围内逐步开展土地改革运动。1950 年 6 月 30 日《中华人民共和国土地改革法》公布施行,中国广大农村地区开始了轰轰烈烈的土地改革运动,到 1952 年底,除了西藏和新疆外,其他地区都有步骤地将封建半封建的土地所有制变为农民土地所有制。土地改革具有两大功效:一方面彻底摧毁了旧的乡村政权,消灭了劣绅治理乡村的基础——地主阶级;另一方面通过斗争唤醒农民的阶级觉悟,并且发展忠于党的政权的农村积极分子。为此,由农村积极分子组成而建立起来的农村基层政权组织"从一开始就是国家政权的基层组织,与中央和上级政府保持高度一致,作为他们在农村的代理机构,而不是作为自治机构而存在的"[②]。

在这段时期,为了配合土地改革的顺利推行,大部分农村地区(除去部分已经完成土地改革的老解放区)实行的是县—区(政权组织)—村的基层政权组织形式,村级组织作为最基层的政府组织延伸至村,在村上建立区公

---

① "国家政权内卷化"由美国学者杜赞奇提出,指国家不是依靠提高行政机关的效益,而是依靠增加非正式机关的数量来增加财税。

② 武力:《中国乡村治理结构的演变》,《中国社会科学院院报》,2006 年 7 月 13 日。

所来领导各村的土地改革工作。而在老解放区,由于在新中国成立以前已经实行了土地改革运动,土地改革完成较早,所以逐步进行了基层组织建设与改造,将行政村适度扩大规模改为乡,实行的是县—区(派出机关)—乡基层政权组织形式,以便促进经济的发展。[1]1950 年 12 月,政务院颁布了《乡(行政村)人民代表会议通则》和《乡(行政村)人民政府组织通则》,全国各地普遍建立了乡(行政村)政权。所以在这一时期是一种乡——行政村政权并存的结构形式。

另一方面,新中国成立初期面对严峻的国际形势,党和政府做出了优先发展重工业的战略规划,而要在当时一穷二白的经济基础之上发展工业,只能以农业来保证工业发展的原始资金积累。因此,为了保证工业化的发展,就必须保证国家能够从农村汲取充足的资源。而为了保证国家对于农业资源的汲取,就必然要保证国家在一定程度上对于农村生产与生活的控制与计划。1953 年 11 月,政务院第 194 次政务会通过了《关于实行粮食的计划收购和计划供应的命令》,决定实行粮食统购统销,自此,我国进入农业合作化道路时期。农业合作化将分散的小农经济纳入国家轨道,国家对农业和农民进行统一管理与控制,既可以实现对农业的社会主义改造,同时还可以为国家汲取农产品剩余支持工业化建设提供制度保障。

为了建立与农村合作化道路相适应的政治体制,我国开始对农村基层管理制度进行调整与变革。1954 年,国家民政部门(当时的"内务部")发布了《关于健全乡政权组织的指示》,要求各地本着便于人民直接行使政权掌管自己的事情和适应农业互助合作运动发展的规则,在普选的基础上,整顿和健全乡政权组织、民主制度及工作方法。[2]1954 年 9 月 20 日,在首都北京召开

---

① 张厚安、白益华主编:《中国农村基层建制的历史演变》,四川人民出版社,1992 年,第 186~189 页。

② 中央人民政府内务部:《关于健全乡政权组织的指示》,《江西政报》,1954 年第 2 期。

了中华人民共和国第一届全国人民代表大会第一次会议,并通过了《中华人民共和国宪法》(以下简称《宪法》)。《宪法》(1954)第四节规定,我国实行省(自治区、直辖市)、市(自治州)、县(自治县)、乡(民族乡、镇)建制的行政区域划分,其中乡(民族乡)、镇是农村基层政权,农村的"区"一律改为县政府的派出机构,对乡政府的工作仅负指导检查责任。乡政权作为国家政权的有机组成部分,是延伸至农村的基层政权。这样,我国改变了乡(行政村)政权建制,取消了行政村建制,对全国农村基层政权统一实行乡镇政权制,由乡镇直接管理自然村,乡镇作为国家在农村的基层政权以法律形式确定下来,我国乡村管理体制逐渐规范化。由于行政村建制被取消,乡政权以下的治理单位是自然村,自然村此时已不再是政权单位,而属于具有自治性质的村民组织,治理的组织包括村党支部、合作社、青年团、妇女会等。

总体而言,农业合作化时期改变了土地改革期间农村管理体制多种形式并存的局面,农村基层组织建设表现出管理层级趋于规范统一的特点,并通过对农村行政区划的调整以适应农村合作化运动的开展。由于管理层级和管理幅度的适时调整,适应了当时农村治理需求,在一定程度上促进了生产力的发展,提高了粮食产量,如荆门的粮食产量1957年比1950年增长了56.73%,邛崃增长了48.26%,巴县增长了34.65%,粮食产量增长幅度接近50%。[1]

在土地改革时期和农业合作化时期,中国共产党的农村基层组织发展很快。经过土地改革运动及后来实行的"整党""整风"运动,中国共产党在农村培养了一批忠于新政权的土地改革积极分子和农村精英,以他们为主体开展农村基层政权建设,在将农村尽快整合进国家政权系统的同时,保持了中国共产党在农村地区的控制力与渗透力。为此,在新中国成立初期,农村

---

①　王习明:《城乡统筹进程中的乡村治理变革研究》,人民出版社,2012年,第39页。

基层组织并不是作为自治机构而存在，而是在政治上必须与党和政府保持高度一致，严格遵从党和上级政府的决议或命令的执行机构。

三、人民公社时期(1958—1978年)："政社合一"

随着在农村社会主义建设的热情高涨和各地社会主义大协作的开展，生产合作社通过合并，规模不断扩大，并最终发展成为以"一大二公"为主要特点的人民公社体制。对于人民公社体制的实施，既与中国共产党当时对于社会主义的理解密切相关，也脱离不了对当时的国际形势判断和保障国家安全的担忧。毛泽东曾通过对当时的局势进行分析认为，"这里存在着战争可以避免和战争不可避免这样两种可能性。但是我们应当以有可能挨打为出发点来部署我们的工作，力求在一个不太长久的时间内，改变我国社会经济、技术方面的落后状态，否则我们就要犯错误"[①]。为了保障国家安全，施行了以国家工业化为先导，以公社为工业化支持，通过生产资料所有制的社会主义改造，建立全民所有制和农村人民公社集体所有制两种公有制形式，农村人民公社为"工占农利"经济战略的实施，实现工业化原始积累提供有力的制度保障。

1958年8月29日颁布的《中共中央关于在农村建立人民公社问题的决议》指出，按照"一大二公"与"党、政、军、民、学统一"的原则建设人民公社制度，实行"三级所有、队为基础"的农村管理方式，人民公社是基层政权组织，下设生产队和生产大队两个治理单位，公社负责领导和管理乡村的各项事务，生产大队贯彻执行公社的决定，负责经济核算，但不属于国家的行政机关，生产队则是社员集体生活与政治活动的基本单位，人们以生产队为单位

---

① 《建国以来毛泽东文稿》(第十册)，中央文献出版社，1989年，第346页。

进行劳作与分配,由此形成"人民公社—生产大队—生产队"三级治理体系。在这种治理体系下,人民公社既是农村基层政权组织,承担着原来乡人民政府的行政职能,同时也是农村经济生活的管理机关,是集政治、经济、文教、卫生、治安、武装等工作为一体的领导机构。农村居民实行"组织军事化、行动战斗化、生活集体化",自留地、家庭副业被取消,农民普遍实行集体用餐,分配制度实行供给制,所有劳力由公社统一领导、统一调配和统一指挥,收益也由公社或者生产大队统一核算和分配。通过一系列控制措施,公社体制已经使农村经济转化为农民有组织地根据指令进行生产活动的国家计划组织系统的一部分。为此,这种将政权组织与经济组织、社会生活结合为一体的治理体制被称为"政社合一"。

在"政社合一"的管理模式下,人民公社、生产大队和生产队的管理机构为各级管理委员会,公社管理委员会履行乡政权职能,各委员会分别由正、副职主任(大队长、队长)和委员组成,按规定应当由社员代表大会或社员大会选举产生。但由于人民公社强调政治的"全能主义"[①],公社管理委员会成员的任免、生产计划、行政事务事实上都是由党和上级政府决定的。当时虽然也主张"民主办社",即通过建立社员大会或社员代表大会实行选举制度以保障人民的政治权利,但由于党的一元化领导体制(即将党的领导、政权管理和民众自治融为一体),"民主办社"在执行中大多流于形式,公社一级干部都是由中共县委任命的,生产大队一级干部实际上也是由公社党委任命的,生产小队的干部则由大队书记决定。这样,农村社会的管理权和生产决定权在事实上仍然掌握在党的手中。在人民公社时期,实行公社党委与公

---

① "全能主义"(totalism)这一概念,是由芝加哥大学邹谠先生提出来的,用来说明一些国家的权威政治的基本特性:政治权力可以随意侵入社会的各个领域和个人生活的诸多方面,在原则上它不受法律、道德、宗教和思想的限制。转引自金太军:《村庄治理与权力结构》,广东人民出版社,2008年,第43页。

社管理委员会合署办公,生产大队一级普遍设立党支部,生产队的党组织为党小组,三者为隶属关系,基层党组织的权力呈现不断扩大的趋势,到"文化大革命"时期更是发展成为"党的一元化领导",公社党委书记和大队书记成为权力核心,党组织在事实上成为农村基层事务的主要管理者,这种权力过分集中,"党政不分""以党代政""政经合一"的管理体制和权力形式,使得官僚主义盛行。

关于"政社合一"体制的利与弊,认识不一、说法不一。如果从当时的国情出发来看,人民公社体制有其一定的历史作用,对于工业化建设功不可没,对保障农村生产秩序和社会稳定也发挥了重要作用。据有关数据显示,农村人民公社期间,我国农村为工业化建设提供了约5400多亿元的资金,年均高达210多亿元。人民公社的这20余年恰好是共和国政治风云波谲云诡、社会生活动荡不定的混乱时期。与城市中的风雨飘摇相对照,人民公社体制下农村的生产秩序和社会生活却保持了相对稳定,这为减缓我国当时极度混乱的社会状况,为"文革"后期的拨乱反正及稍后的全面改革都发挥了不可低估的作用与影响。①

如果从推动农业农村发展、激发生产活力、推进农村民主政治角度来看,"政社合一"的形式也存在一定的弊端。从农村发展和生产率角度看,著名美籍汉学家黄宗智在对长江三角洲和华北农村进行实地考察后认为,人民公社时期的农业经济"绝对产量上升了,政府的税收和征购也上升了,而农业劳动生产率和农民收入是停滞的"。他把这种农产量增加而劳动生产率停滞甚至还略有下降的经济扩张定义为"没有发展的增长"。20世纪60年代中期后,虽然单位面积产量增加了48%,但单位用工产出反而下降了5%。人民公社虽然实现了农业总产量的逐年提高,保证了国家征购任务的完成,有

---

① 新逸:《试论人民公社的历史地位》,《当代中国史研究》,2001年第3期。

力地支持了国家的工业化建设,但是以"劳动替代资本投入"或曰"过密化"的发展道路,没有提高农村的劳动生产率和社员的生活水平。

人民公社 20 多年只有数量的扩张,没有质量的显著提高;贫穷与落后仍然是农村社会的基本特征。[1]从民主政治角度来看,在"政社合一"制度下,国家权力延伸到农村社会的每个角落,公社除了政治统治功能外,还包揽了生产、社会服务、宣传教育等一切活动,由此形成功能性的权力网络(不管是正式的还是非正式的国家政权组织),通过这种权力网络,处于农村社会的每个农民都感受到了国家权力的存在,农民也前所未有地进入了国家的政治中心,从而把国家的控制力推向了极端。加之在党的领导下,各层级都只接受党的指令,农村的真正管理者也是由党支部或者党组织指定,农村社会缺乏最低限度的自组织能力和自治权。这种单一的权力形式导致村落的权力结构严重失衡,抑制了社会自身发展的潜能,也加重了国家配置社会资源的成本,这种形式不利于国家权威在乡村社会获得长期的支持与认同。而且这种形式也会使得农民将农村管理者普遍视为国家代理人,一旦这些管理者出现越轨行为,"这将使乡村基层国家代理人的牟利行为及其他不合法行为都被视为'国家行为',从而直接影响到国家权威合法性在乡村民众中的确立。"[2]

人民公社制度在实行初期和中期破除了乡村经济体制,实现了基层社会的官僚化,也保证了国家对乡村社会资源的征用和赋税的征收,为新中国工业化现代化做出了巨大的贡献。但随着人民公社制度的实行,尤其到后期逐渐暴露出了一系列弊端:束缚了生产力的发展,农民生产积极性不高,粮食增产缓慢甚至产量下降。无论是通过政治施压,还是向农民进行意识形态教育,这些缺陷都难以逾越和克服,农村社会发展的迫切需求和农民改善生

---

①　新逸:《试论人民公社的历史地位》,《当代中国史研究》,2001 年第 3 期。

②　金太军:《村庄治理与权力结构》,广东人民出版社,2008 年,第 48 页。

活的期望,使得人民公社制度越到其后期面临改革的压力愈发显现,最终公社的消亡和在公社体制内孕育出新的制度模式同样都是不可避免的。

四、改革开放之后(1979—2006年):"乡政村治"

20世纪70年代末80年代初,在农民内部自发地产生了家庭联产承包责任制,从而直接导致了人民公社体制的瓦解,并在此经济基础上产生了"乡政村治"的乡村治理结构。

(一)"乡政村治"治理结构的形成

农村经济体制改革是在党的十一届三中全会召开后开始的,改革从安徽、四川开始后发展到内蒙古、广东、甘肃,到1983年底,全国农村大都已实行家庭联产承包责任制。农村经济体制做出改革后,必然要求政治体制做出相应的调整。人民公社体制下"党政不分、政社合一"的政权组织模式,以行政手段指挥生产,显然是与家庭承包为主的小规模生产经营方式不相适应的,农村土地经营方式的转变与商品经济的发展,要求改变以行政方式对农村经济与农民生产、生活的高度控制,建立新的调控农村经济的手段和方式,因此必须寻找一种新的政治模式来代替人民公社模式。

在建立新的乡村治理机构时首先恢复的是乡镇政权组织。1983年10月中共中央、国务院颁布的《关于实行政社分开建立乡政府的通知》,标志着我国乡镇政权重新作为基层政权组织恢复建设,并承担起领导本乡的经济、文化和各项社会建设的职能。在党中央的推动下,基层逐渐恢复乡镇政府建设,在实践中主要有三种改革方式:第一种是一社一乡制,也是实行较多的一种方式,即人口较多、地域较广的县,在乡之上设立区公所作为县的派出机关;第二种是大区小乡制,即改公社为区,改人队为乡,云南、广东、广西等地多采用此种模式;第三种是大区中乡制,即改公社为区,改管理区为乡,生产大队改为村委会,湖北等地主要采取此种方法。①三种模式都将生产队改为生产小组。到了1985年,全国所有的人民公社都已解体,取而代之的是79306个乡、3144个民族乡和9140个镇,948628个村民委员会和588多万个村民组。②改制后的乡或镇组织由党、政、企、军事组织和群众组织等几大块组成,设有人民代表大会,大会有常务主席,其级别相当于乡镇长,人民代表大会闭会期间由大会主席团行使检查、监督和审议的职权。③

在恢复乡镇政权后,为了完善乡镇政权建设,全国各地逐步开展了以"党政分开、简政放权"为原则的乡镇机构改革。1986年的《关于加强农村基层政权建设工作的通知》提出,通过党政分工、政企分开、简政放权等措施加强和完善乡镇政权建设。根据此项规定,全国各地乡镇在机构设置、权责划分、治理结构等方面都进行了综合改革:通过"撤乡并镇"改变新建乡规模较小、数量偏多的状况;通过简政放权,扩大乡镇政府权力,提高乡镇政府积极性和工作绩效;通过党政分开,理顺党政关系,划分党组织和国家政权的职能,消除党政不分、以党代政的现象;通过政企分开,合理行使政府管理经济的职能,减少政府对企业经济活动的干预。在实践中"撤乡并镇"效果最为显著,1996年全国乡镇数量比1986年减少了28409个,行政村的数量也减少了接近10万个④;而通过简政放权,乡镇机构工作也具有了较大的活力,但是由于没有从根本上简化政府职能,只是通过简单的机构改革,反而容易形成机构越减越多,职能更加不清的现象;通过政企分开而成立的农工商联合总公司,由于农业经营方式的改变,已经不能再管理农产品和农业商品的交

① 张厚安、白益华主编:《中国农村基层建制的历史演变》,四川人民出版社,1992年,第198~199页。

② 国家统计局:《中国统计年鉴(1997年)》,中国统计出版社,1998年,第366页。

③ 金太军:《村庄治理与权力结构》,广东人民出版社,2008年,第51~52页。

④ 袁金辉:《冲突与参与:中国乡村治理改革30年》,郑州大学出版社,2008年,第74页。

易与经营,从而转变为对乡办和村办集体企业的管理,但其实质仍具有政府部门性质;党政分开的政治体制改革在乡镇层面并没有得到实质开展,乡镇党委仍然实行一元化领导。

伴随着乡村机构改革,乡村自治也逐渐发展起来。包干到户、包产到户在农村普遍推行后,打破了原有的农村利益格局,使人民公社的三级管理体制受到巨大冲击,其约束力越来越弱,而新的管理组织又处于酝酿之中,社会治安急剧恶化,农村社会缺乏有效的组织和管理。1980年春天,为了维护社会秩序、保护集体和个人财产,广西河池合寨村的农民自发组织选举产生了中国第一个村民委员会,拉开了中国基层民主政治的序幕。这一农民自发创造的管理机制很快得到中央的重视并被看作是吸纳和重组农民的重要方式。在合寨村民自治实践中萌芽的选举方法、村民议事制度、村务公开、年终报告制度等也都成为后来颁布的《中华人民共和国村民委员会组织法》的重要内容。1982年通过的宪法肯定了村民委员会的合法地位并下达了一系列文件倡导、支持各地广泛建立并规范村民委员会及其民主运行制度:1983年10月中共中央、国务院发布的《关于实行政社分开 建立乡政府的通知》与1986年9月的《中共中央和国务院关于加强农村基层政权建设工作的通知》都明确提出,在建立乡政府的过程中成立村民委员会,并要求村民委员会要积极办好本村的公共事业和公益事业, 要发动广大村民积极参加社会生活的民主管理。到1987年《中华人民共和国村民委员会组织法(试行)》颁布之前,除个别省份外,全国农村绝大多数地区普遍以原有生产大队管辖范围为基础成立了村民委员会。1987年11月,全国人大常委会通过了《中华人民共和国村民委员会组织法(试行)》,规定了村民委员会的性质、地位、职责、生产方式、组织机构和工作方式,以及村民委员会的权力和组织形式等,从而使村民自治作为一项新型的群众自治制度和直接民主制度, 在法律上正式确立起来。

　　1988 年后,国家通过民政部在全国范围内组织乡村选举,到 1989 年底,全国有 14 个省、自治区、直辖市在试点基础上开始依法选举村委会干部。1990 年 9 月,民政部下发了《关于在全国农村开展村民自治示范活动的通知》,要求每个县都要选择几个甚至十几个村,开展村民自治示范活动,摸索经验,树立典型。到 1992 年底,各省农村都基本建立起村民委员会,并实行基层选举。在村民自治的实践运行中,又发展出了民主选举、民主决策、民主管理、民主监督等民主制度,村民自治更趋于完整和制度化。在 1994 年 2 月,民政部对全国农村村民自治示范活动的目标、任务、指导方针、具体措施等做了全面具体的规定,并第一次明确提出要建立民主选举、民主决策、民主管理、民主监督等四项民主制度,从而使全国的村民自治示范活动开始逐步走向规范化和制度化。1998 年 4 月,中共中央办公厅和国务院办公厅联合下发了《关于在农村普遍实行村务公开和民主管理制度的通知》,对村务公开的指导思想、基本要求、内容方式、监督领导等方面做出了具体规定。1998 年修订后的《中华人民共和国村民委员会组织法》,对村委会直接选举程序、村民议事制度、村务公开、村规民约等内容进行了补充完善,健全了"四个民主",明确了中国共产党在农村基层工作的领导核心作用。1998 年 10 月,党的十五届三中全会通过的《中共中央关于农业和农村工作若干重大问题的决定》充分肯定了村民自治作为中国特色社会主义民主政治的伟大创造,并为农村基层民主政治建设指明发展方向:"搞好村民自治,制度建设是根本。重点是建立健全村民委员会的民主选举制度,以村民会议和村民委员会定期报告工作为主要内容的民主监督制度。村务活动要照章办事,推进村民自治的制度化、规范化。"1998 年 11 月《中华人民共和国村民委员会组织法》正式颁布,村民自治制度成为中国农村一项基本的社会管理制度固定下来。

　　在恢复乡镇政权与建立乡村自治组织之后,就基本形成了我国乡村治理的基本结构——"乡政村治"。这一治理结构要求乡(镇)政权是国家依法设置在农村最基层的一级政权组织,按照国家行政权力的运作方式组成;乡镇以下实行村委会治理,村委会根据村民的居住状况设立,属于农村基层的群众性自治组织,负责处理本村的公共事务。

(二)"乡政村治"的特点

与人民公社体制时期的"政社合一"相比,"乡政村治"的治理结构呈现出三个方面的特点:一是政社分开,农民成为自主生产经营主体,党和政府不再是综合了政治性与功能性的权力网络,不再既实行政治统治又包揽农村生产、社会服务、宣传教育等一切活动,主要职能转变为领导基层的经济、文化和各项社会建设,主要做好治安、民政、文教卫生等基础性工作。这是"乡政村治"结构区别于"政社合一"的根本性特征。在人民公社体制之后,主要通过"党政分开""政社分开"理顺了党组织与政府、农村社会自治组织的权力关系与职责边界,逐步建立了乡村社会的制度规范。

二是乡村权力结构分化。"乡政村治"打破了人民公社时期党的一元化领导体制,逐步恢复建立了乡镇政权组织,并重新建立了农村群众性自治组织对农村公共事务进行管理。根据《中华人民共和国宪法》的规定,村级自治组织包括村民大会、村民委员会及其下属的各种委员会、村民小组,以及其他村民自治团体。除此之外,虽然《村民委员会组织法》将乡镇政府与村民委员会之间的关系定义为"指导"与"被指导",但乡镇政府对于农村治理具有一定的影响力,是一个实质性的治理主体。根据《中国共产党农村基层组织工作条例》规定,基层党组织是村中各种组织和各项工作的领导核心,也是乡村社会的治理主体之一。为此,这一时期,乡村治理结构具有权力主体多元化的特点。

三是国家权力在农村社会让渡空间。村委会被定性为群众性自治组织,国家对乡村社会的整合不再仅仅依靠强制性的政治权力,而是通过具有民主性质的农村自治组织或者以集体经济作为中介。乡镇政府与村委会之间不是命令与服从的上下级关系,而是指导与支持的关系,加之国家对经济领域的控制逐渐从台前转向幕后,国家权力不再像公社时期那样直接支配到村庄和个人。

人民公社改组后形成的"乡政村治"模式,表面看与 20 世纪 50 年代土地改革以后农村治理结构相近,都是以乡镇政权为国家基层政权组织单位,自然村主要实行群众自治,但经过对比可以发现两者的区别:50 年代乡镇政府实行的是乡委员会制,由委员会领导乡政府工作,而 80 年代改组后的乡镇政府实行乡镇长负责制;50 年代乡村内的公共权力主要由村党支部和上级下派的工作组来行使,而 80 年代实行的村民委员会制度是法律规定的基层群众自治制度,乡村内的合法公共权力属于由村民选举产生的村民委员会。因此,"乡政村治"体制是对旧形式的一种发展,是一种新的乡村治理模式。[1]将基层政权建设与基层社会自治相结合,既体现了国家加快对农村社会整合、维持社会秩序的政治意图,也体现了维护人民民主权利、在基层自主化解社会矛盾的民主意图,是一种将国家权威与基层民主加以平衡的尝试。

(三)"乡政村治"的运行困境

在国家的重工业发展战略规划没有改变的条件下,基层政府仍然承担着农业税费征管的行政任务,乡镇政权与农村自治组织之间难以真正确立指导与支持的关系,村民委员会的自治性,以及其民主理念也无法充分体现,"乡政村治"运行中也面临一些困境。

---

① 张厚安:《中国特色的农村政治——"乡政村治"的模式》,徐勇、徐增阳主编:《乡土民主的成长——村民自治 20 年研究集萃》,华中师范大学出版社,2007 年,第 401 页。

1.乡镇机构职能错位

自1984年恢复建立乡政府以来,乡镇机构一直按照与上级政府对口的模式进行机构设置。为了便捷管理,每一级上级机构和部门都在乡一级设立相应的对口机构或部门,形成了一种"上面千条线,下面千根针"的对应格局。乡级机构在此基础上迅速膨胀起来,乡级人员大大增加,"乡镇政府普遍建立了六大班子、七站八所,现在一般乡镇干部都有上百人,多的有两三百人,甚至四五百人,其中很多是自聘人员。村级组织也不例外,一般行政村设有支委会、村委会、小组长,很多村村干部人数多达十几人"①。机构规模的膨胀与人员的快速增长,一方面使政府运行成本大幅增加,加重了农民负担,另一方面引发了条块矛盾、政企不分、政事不分、公共品供给不足等一系列的问题。

根据《中华人民共和国地方各级人民代表大会和地方各级人民政府组织法》的规定,乡(民族乡)、镇人民政府的职权主要包括七项内容,其中包含了执行上级国家行政机关的决定和命令,管理本行政区域的公共事业和行政工作,保护人民的生命、财产等基本权利,办理上级人民政府交办的其他事项等等。②但中华人民共和国成立以来国家实行以农养工的重工业优先发展战略,通过农产品剩余支持工业化建设。而对于农产品剩余的汲取主要是以自上而下的行政任务的形式来完成, 这种行政化的资源征收体制虽然更有利于快速获得工业发展的资源积累,但在行政压力及以农业税征收为主要内容的考核体制下,乡镇政府的主要工作发生了扭曲,其保障人民权利与公共事业建设等职能长期被忽视,"执行上级国家行政机关的决定和命令"成为最主要的职能,并且在执行和办理上级命令及任务的职能中收缴名目

---

① 杨卫军:《取消农业税与农村基层政府机构改革》,《江西财经大学学报》,2004年第6期。

② 《全国人民代表大会常务委员会关于修改〈中华人民共和国地方各级人民代表大会和地方各级人民政府组织法〉的决定》,中华人民共和国主席令第三十号。

繁多的税费又成为重中之重和主要的工作。在这种情况下，乡镇政府的主要职能扭曲为税费征缴和管制农村。

2.村民委员会过度行政化

村民委员会属于农村群众自治性组织，"自治"的含义为自我治理或自我管理，即自己有权处理自己的事情，是相对于国家或地方政府的政治管理而言。村民自治，就是"由村民群众依法办理自己的事情"，即农村村民群众在中国共产党的领导下，依据国家法律法规和政策，以民主选举、民主决策、民主教育、民主监督的方式，处理与自身利益相关的村内事务，实现自我管理、自我教育和自我服务，这一制度赋予了农民政治自主权。但面临税费征收的外部行政环境压力，村民委员会表现出过度行政化的现象。

从理论上来讲，村民委员会是群众性自治组织，与基层政府是协助开展行政事务的关系，村民委员会不应承担行政任务，但当国家需要在农村提取农产品剩余以支持工业化建设的时候，在市场化调节手段尚不完善的条件下，只能依靠行政任务的方式从农村获取资源，需要延伸到村庄的最基础的组织从农民手中获取。这样，"国家的体制性权力虽然上收至乡镇，而功能性权力仍然会下沉到村，村民自治在各种政府任务的'紧约束'下运行，而政府行政管理与农村村民自治之间的关系便成为影响村民自治成长、发展的最重要因素"①。自20世纪80年代实行村民自治以来，根据国家的战略部署和发展规划，村民委员会所承载的行政任务主要集中在计划生产、计划生育、税费收取三个方面，尤其是税费收取任务在20世纪90年代后期成为政府工作的重中之重。分税制实行之后，税费收入也成为地方政府运行和乡村公共事业发展的重要支撑，甚至承担着某些地方政府规划发展失败的成本，为了完成这一任务，地方政府实行了将税费任务纳入村干部政绩考核、税费收

---

① 徐勇：《村民自治、政府任务及税费改革——对村民自治外部行政环境的总体性思考》，《2004中国改革论坛论文集》，第76~85页。

入与村干部分摊等多种方式。这些方法进一步加强了乡镇对村民委员会的行政约束。乡镇政府将其承担的经济和社会管理职能以强力的行政方式延伸到村级组织,最终导致了村民委员会的行政化,村民自治的自治原则与民主精神难以体现。据调查,在这一时期,很多村干部用于完成各种政府任务的工作时间和精力达到了70%以上。彭真在主持通过《村民委员会组织法(试行)》时曾提出警告,认为在实行村民自治过程中有两大危险,其中之一就是政府"给村民委员会头上压的任务太多,'上面千条线,底下一根针',这样就会把它压垮"①。在税费任务压力下,村干部成为基层政府在农村工作的一条腿,严峻的外部行政环境压力使得村民自治的原则与精神得不到有效实现。

3.乡村形成利益共同体

20世纪中期,农业税费收取不仅仅是县级政府考核乡镇政府政绩的重要目标,也为乡镇政府的正常运转提供着基本的物质保障,尤其是1994年实行分税制以后,地方政府的财权与事权出现不对称,"权小责重"的现象普遍存在,面临紧张的财政状况,乡镇政府只能不断加大向下汲取的力度。这样,县乡财政就严重地依赖农民上缴的税费。然而,在财力与人力有限的情况下,乡镇不可能直接向大量分散的小农收取税费,而必然需要村干部的帮助与支持。从理论上来讲,村干部由村民选举产生,对于乡镇政府的协助义务对其并不具有约束力,为此,乡镇政府必须调动村干部的积极性才能保证税费任务的完成,"利益共享"成为乡镇调动村干部积极性的重要方式。另一方面,作为当时乡镇最棘手的工作任务,税费征收难度较大。在20世纪90年代中后期,由于税费任务过于沉重,造成农民生活压力巨大,农民对税费缴纳具有较大的抵触情绪,这也更加大了村干部征收税费的工作难度,很多

---

① 彭真:《通过群众自治实行基层直接民主》,《彭真文选》,人民出版社,1991年,第611页。

土生土长的村干部不愿担任这种"得罪人"的工作。为了完成行政任务,保证行政命令在乡村社会快速而有效地执行,乡镇机构必须能够对村干部具有绝对的控制力量。为此,在乡村关系中,乡镇干部往往会通过软硬兼施的手段达到对村干部的"控制",其中最有效的手段就是允许村干部从其所征收的税费中获得一定的利益,默许村干部在税费收取过程中的搭便车行为,或者允许其在村庄获取其他好处。在利益的诱导下,村干部也乐意帮助乡镇落实税费征收任务,忽视村民利益而倒向乡镇一边,这样就形成了由乡镇和村干部组成的乡村利益共同体,村民自治流于空谈。"乡村之间之所以会形成利益共同体,其原因在于乡镇掌握着比村民多得多的经济、政治和组织资源,是高度组织起来的国家行政力量。而在市场经济条件下,以户为单位的小农很难联合起来,形成与乡村组织对等的谈判能力。当乡镇要求村干部为了乡镇的行政目的而工作时,村干部面对着力量完全不对称的乡镇和村民,很快便会倒向乡镇一边。"[1]

4.村"两委"矛盾重重

尽管《中国共产党党章》《中国共产党基层组织工作条例》《村民委员会组织法》等法律、党内法规明确规定了村民委员会与村党支部的性质、职能及两者的关系,但在乡村治理实践中,由于"两委"在权限上存在交叉重叠及"两委"成员观念等问题,村党支部和村委会之间出现了一些冲突与矛盾,集中表现为"两委"之间的三种关系状态:党支书独政、村主任揽政及"两委"搁政。党支书独政是由村党组织包揽全部村务,只强调党的领导地位,不注重村委会的权力与地位,村支书在实行村委选举后没有实现角色转换,仍然对村务大包大揽、独断专行,村委会的自治功能弱化,村主任没有实质权力;村主任揽政是在实行村委会直选后出现的情况,主要是指由于具有民选所获

---

① 陈柏峰:《从利益运作到感情运作:新农村建设时代的乡村关系》,《开发研究》,2007年第4期。

得的权威性,村主任不愿意尊重和维护党支书的领导地位,与党组织争夺村庄治理权力,认为自己有权处理村庄的全部事务。而与强势的村主任相反,村支书个人素质有限,在村民中缺乏威望,难以驾驭村主任和村委会成员,致使村主任独揽大权;两委搁政的局面是指党组织和村委会分别由两派人员把持,党组织强调自己的领导核心地位,村委会强调自身的自治性质,都想撇去另一方由自己全部包揽村庄事务,互不相让而相持不下,却又缺乏让对方服从的能力与权威,双方分庭抗礼、各自为政,最后导致村务工作难以开展。前两种状态由于其中一方独大而另一方的弱小,尚没有形成激烈的冲突,而第三种状态由于双方的强势态度与力量均衡导致冲突表现激烈。据一项在山西省 7 个县的调查显示, 具有第一种冲突状态的村庄占到了被调查村庄的 34%, 具有第二种与第三种冲突状态的村庄分别占据了被调查村庄的 11.7%和 15%。[①]据中共湖北省委组织部等部门在 20 世纪 90 年代中期对111 个村的调查,村支部与村委会关系紧张的占 11.8%,而根据贺雪峰在湖北和江西两省近 50 个村的调查,村支部与村委会之间关系紧张的村的比重较湖北省委组织部门的调查要高得多。村支部与村委会可以真正密切合作的村的比重,不会超过 60%。[②]这在一定程度上说明了农村两委关系是比较紧张的。

对于村支部与村委会孰轻孰重的认识,"两委"往往各执一词, 大相径庭。在村支部看来,村委会与村党支部争权,是试图架空党支部,动摇党支部的领导核心地位,长此以往将会使党失去在广大农村的统治基础。村委会则认为,在村务处理中处处受党支部排挤,有职无权,许多村委会主任通过层

---

① 冯耀明:《村民自治实践中两委关系及冲突解决模式探析》,《北京行政学院学报》,2004 年第5 期。

② 徐增阳、仟宝玉:《"一肩挑"真能解决"两委"冲突吗——村支部与村委会冲突的三种类型及解决思路》,《中国农村观察》,2002 年第 1 期。

层上访,要求实现自治的法定政权。最典型的例子就是 2001 年 3 月《人民日报》刊登的山东省栖霞市 57 名直选村委会成员集体辞职的新闻,辞职的原因就是村党支部和镇党委镇政府片面强调党领导一切,采取支部包办代替村委会的做法。这些群众选出来的村干部上任一年多,财务、公章不交接,财务支出由支书一人说了算。镇党委政府不仅不解决"村官"反映的问题,反而对村委会成员随意"诫勉"甚至停职。①这一新闻反映了农村两委在实践中的深刻矛盾与冲突。农村"两委"是农村社会最为直接的治理主体,两者关系的好与坏不仅关系基层党组织的建设、村民自治的民主进展,更关系广大乡村社会的和谐与发展,也由此导致了一些村庄内部社会矛盾不断。

(四)"乡政村治"治理结构的实践运行情况

整体而言,由于地区经济的差异性及人民公社解体后建立乡政权途径的多样性,"乡政村治"在实践运行中呈现出三种不同的效果。第一种是运行较为良好的情况。在村集体经济发达的地方,出现了农工商一体化公司,用利益把农民有机地组织起来,公司依法执行政府和党的各项政策和法律,这为国家权力——党和政府领导进入村级社会创造了有效的途径。农民通过农工商公司再度被组织起来,党支部和村委会通过领导农工商总公司实现对农民的组织与管理,基层乡镇对农民具有较高的整合和组织能力,乡村社会秩序良性运行,农民对政权的政治认同性高。与人民公社体制相比,这种组织管理形式的政治性已经大大减少,社会性有所增加,农民拥有参加和退出企业的自由选择权。据有关学者统计,这种情况约占全国"乡政村治"模式的 15%。②第二种是基本维持的情况,"乡政村治"方式对维持农村社会秩序、对农民进行组织整合的效果一般。该种情况的农村特点是乡村具有一定的

---

① 孙俊亭:《"村官"要求辞职的背后》,《中国社会导刊》,2001 年第 5 期。
② 金太军:《村庄治理与权力结构》,广东人民出版社,2008 年。

集体经济,能够举办一定的乡村公共事业,社会秩序能够维持稳定,党支部和村委会具有一定的威信,村民对国家政权和村民自治较为认同,乡镇基层政权政治输入考虑村民的需要和要求,政治输入输出渠道较为通畅。但缺乏企业化的组织创新,不能够将国家与农民联系起来,农民处于低整合状态,乡村政治还存在松散现象,这类情况在全国居多。第三种情况是乡政村治基本难于运行,乡村组织难以正常动转,这种情况出现在少数村庄。"造成乡村组织瘫痪的原因是多方面的,包括村组织班子、乡镇政权状态、乡村社会环境、农民态度、乡村经济状况等各个方面。"[1]受宗族势力、恶势力等影响,党支部、村委会难以开展工作,干群关系紧张,国家政策难以推行,国家政权对乡村社会、社会对乡村个体处于失控状态,乡村社会处于无组织的散乱状态。

---

① 金太军:《村庄治理与权力结构》,广东人民出版社,2008年,第55页。

第三章 划时代的改革与治理变革：
农村税费改革对乡村治理结构的影响

一、农业税费与乡村治理结构的关系

通过对税费改革之前乡村治理结构历史演进的梳理可以发现，乡村治理结构的形成与变迁往往是与国家的政治、经济、军事战略紧密相连的。在新中国成立后面临两大政治任务：一是将国家权力渗透向基层社会，将社会整合起来；二是建设工业化强国，实现国家的快速崛起，避免外来列强的侵犯。这两大任务都在很大程度上依赖于在广大农村恢复重建的乡镇政权。一方面通过乡镇政权，国家能够将各种政策落实到乡村社会，实现国家权力向基层社会的渗透，实现对于乡村社会的有效整合；另一方面通过乡镇政权，国家可以更快速有效地从农村社会获取工业发展所必需的资金积累。为此，在新中国成立之后很快就在全国范围内恢复了乡镇政权。但乡镇政权在实现政治功能的同时，也增加了官僚机构和运行成本，在当时国家财政收入有限的条件下，这些运行成本主要以各种税费的形式又转移到了农民身上。从规模上来看,乡镇机构无法直接实现对广大乡村的有效治理,它必然依赖于根植农村的各种村民组织,尤其是得到国家法律认可的村民委员会,而为了保证村民委员会能够协助自己完成各种行政任务,必须支付其一定的运行成本,这一成本自然也通过农业税费的方式转移到农民身上。从此种意义上来讲,农民承担了国家工业化起步与乡镇机构运行、村民委员会运行的多重成本。这样,农业税费关系的实质是一种国家、集体与农民之间的利益分配关系,农业税费也正是以这种利益关系影响着乡村治理结构的变化。

在农村税费征收时期,实行家庭联产承包责任制以后,农民劳动所得在国家、集体、农民之间的分配关系,用农民自己的话概括就是"交完国家的,留足集体的,剩下全是自己的"。农村税费改革前的农村税费制度,农业税一直沿用的是 1958 年 6 月 3 日一届全国人大常委会第 96 次会议通过的《中华人民共和国农业税条例》,对全国的平均税率规定为常年产量的 15.5%。按照国家的规定,农村税费由农业税收和农民承担的费用、劳务组成。农业税收,一般包括农(牧)业税、农业特产税、生猪屠宰税、耕地占用税和契税等。依据国务院颁发的《农民承担费用和劳务管理条例》(国务院令〔1991〕92号),农民在国家法规(许可范围)内承担的费用和劳务,"是指农民除缴纳税金,完成国家农产品定购任务外,依照法律法规所承担的村(包括村民小组)提留、乡(包括镇)统筹费、劳务(农村义务工和劳动积累工)以及其他费用"。

在农村基层,通常将它们简称为"三提五统"和"两工"。所谓"三提",是指农户上交给行政村的公积金、公益金和管理费三种提留费用;所谓"五统",是指农民上交给乡镇政府的教育附加费、计划生育费、民兵训练费、乡村道路建设费和优抚费等五项统筹费。此外,《农民承担费用和劳务管理条例》同时还允许"乡统筹费可以用于五保户供养"。实际上,在执行过程中,各地都不同程度地增加了一些收费名目,加码收费。因此,"三提五统"只是对政策内向农民收取费用的一种笼统说法而已。在许多农村地区,"三提五统"

实际上远远"超过上一年农民人均纯收入的 5% "的红线规定。[1]这样,实际上对农民征收的各种税费收缴除了国家规定内的税种,还有"三提五统"等各种名目的乡统筹、村提留与集资摊派。乡镇政府与村级管理组织在压力型体制与利益的驱动下,出现了乱收费、过度收费的情况,用农民自己的话形容当时的税费压力就是"一税轻,二费重,三费四费无底洞"。"头税"是指前述的农业税收部分,"二税"是指各级政府允许向农民征收的其他税收、集资和乡镇统筹、村提留等税费负担,"三税四费"是指其他政策外的"乱收费、乱罚款、乱摊派"。[2]混乱的税费征收不仅为农民造成了沉重的负担,而且在利益驱使下, 乡镇机构与村级组织的职责功能主要表现为资源汲取而忽视公共服务,乡村之间也结合为利益共同体成为"赢利型经纪",乡村治理状态一度十分混乱。

二、农村税费改革历程

长期的农业税费征缴,不仅打击了农民生产的积极性,也导致了农民对国家政权的不满情绪。对此,为了促进农业经济增长和农民增收,改善国家与农民的关系,在 20 世纪末,国家提出了"多予少取放活"的"三农"工作指导方针。农村税费改革就是在这一方针指导下,取消了面向农民的各种不合理收费,规范政府行为,减轻农民负担。

---

[1]　吴理财、李世敏、王前:《新世纪以来中国农村基层财政治理机制及其改革》,《求实》,2015 年第 7 期。

[2]　吴理财、李世敏、王前:《新世纪以来中国农村基层财政治理机制及其改革》,《求实》,2015 年第 7 期。

(一)农村税费改革的起点

要探讨农村税费改革的起点，就必须追溯到新中国成立初期的国家发展战略。1953 年，新中国的"一五"计划启动，其基本任务就是"首先集中主要力量发展重工业，建立国家工业化和国防现代化的基础"。在刚刚经历了短暂的经济恢复后就实行优先发展重工业的战略规划，尤其是在一个经济落后的农业大国发展重工业，就必然决定了农业不仅仅承担着为全国人民提供粮食生产的任务，还要为我国工业化起步与发展提供必要的农产品剩余与资源资金支持。尽管每一个国家工业化发展都离不开农业力量的支持，但农业对于我国的工业化建设尤为重要。这是因为，新中国成立初期的经济发展水平极低，国家财力十分有限，到 1953 年，我国的城乡人均储蓄只有 2.1 元，国家的财政总收入 222.9 亿元，用于经济建设的资金尚不足 100 亿元，而重工业属于资本密集型产业，它具有建设周期长、资金投入大的特点。巨大的资金需求面临的却是有限的财政能力，加之当时我国正面临西方国家在政治和经济上的孤立与封锁，这就决定了中国的发展、工业化启动所需要的资金筹集只能依靠自己。从当时的就业和产业结构来看，我国是典型的农业大国，为此农业剩余几乎是我们获取积累的唯一来源。据统计，在 1952 年至 1990 年间，农业通过税收方式为工业化提供资金共约为 1527.8 亿元，通过"剪刀差"方式农业为工业化提供了高达 8708 亿元的资金积累，平均每年 223 亿元，加上农业以储蓄方式为工业化提供资金积累的数量，我国农业为工业化提供资金积累的总量达 11594 亿元，大约占国民收入的 1/3，三种方式相加，农业总共为工业化提供了上万亿元的资金积累。在农业的大力支援下，我国工业化建设快速发展，到 1980 年工业总产值已增至 4992 亿元，相较于 1952 年的 343.3 亿元,28 年间增长了 17.9 倍。[①]

工业化飞速发展的背后是农业和农民的巨大牺牲,如果按 1952 年到 1990 年,我国工业化建设从农业中净调动约 1 万亿元的资金计算的话,平均每年高达近 250 亿元,按当时的农业劳动力平均,每个劳动力每年无偿向工业化资本积累提供的剩余最多时达到 266 元(1990 年),占当年农民人均纯收入的 42.24%,最少时也在 30 元以上(1952 年),占当年农民人均纯收入的 50% 以上。面对如此巨大的农业税和集体提留等各种收费的压力,再加上农民的一些其他隐形负担,如农副产品的统购统销、工农业产品价格的"剪刀差"等,农民的生活状况长期处于贫困状态。[②]到了 20 世纪 90 年代中后期,由于农民负担问题,出现了农村群体性事件等乡村治理性危机,国家合法性面临挑战。

国家合法性即"某种政治秩序被认可的价值",其实质是公民对政府价值、制度、行为等的认可与服从,政府合法性程度高就意味着"对政府体系高度发达的忠诚感、对政治权威的强烈服从感,以及以信任和自信为内容的公民态度"。影响政府合法性的因素有很多,因观察角度的差异,不同的合法性理论得出的结果也不尽相同,其中"制度公正论"合法性理论认为,相比政治系统的输入端(民主还是独裁),政治系统的输出端(制度和政策是否公正)对于政治合法性的获取才更重要,"政绩导向的合法性(Performance-oriented Legitimacy)"通过关注政治系统输出端或政府政策的结果对政治合法性的影响,认为政府的合法性与政府的治理水平或绩效密切相关,政府合法性可以通过发展经济、改善公共服务和社会福利来获取。在新中国成立之初,中国共产党一方面在广大乡村建立起了正式的基层政权组织,使农村社

---

① 冯海发、李准:《我国农业为工业化提供资金积累的数量研究》,《经济研究》,1993 年第 9 期。

② 王丹莉:《工业化进程中的农村税费制度演进——对新中国成立以来农民税费负担变化趋势的历史解读》,《中国经济史研究》,2011 年第 1 期。

会秩序趋于稳定,由于党和政府在农村治理绩效的显著,农民的政治认同高涨,迎来了国家与农民的"第一次蜜月"。随着国家建设中心向重工业领域转移,农村社会和农民生活发生了巨大转变,乡村治理发展成为乡村控制与资源提取,巨大的税费负担严重挫伤了农民对国家的认可程度,城乡二元机制更是使农民具有"二等公民"的心理,治理绩效的下降和政策的显失公平使得农民对国家的政策甚为不满,国家合法性增长被这种不满情绪所抵消甚至超越,基层社会矛盾频频发生。

为了维持农村社会稳定、改善农村农民生活、推进社会公平公正,自20世纪90年代开始,中央政府决定推行税费改革政策,以逐步改善国家与农民的关系,增强党和政府的合法性基础。而且从当时的经济发展和工业化水平来看,我国已经初步具备了工业反哺农业、城市支持农村的实力。2005年全国财政收入高达3.16万亿元,国家财政收入对农业税的依存度大大降低,取消农业税对国家财政收入影响不大。在这种形式下,可以通过政策调整与制度建设对农民进行补偿,既可以改善农民生活,推动农业生产的发展,还可以促进工农业的均衡发展与良性互动。

2005年12月29日,十届全国人大常委会第十九次会议通过了废止农业税条例的决定草案,延续数千年的农业税终于走进了历史博物馆。12月30日,时任财政部部长金人庆就全面取消农业税相关问题答记者提问,谈到为什么要取消农业税的时候,他从"有必要"和"有能力"两个方面概括了原因。有必要,就是说全面建设小康社会和构建社会主义和谐社会,难点和重点都在"三农"。农业和农村发展还处在艰难的爬坡阶段,农村基础设施薄弱、公共服务不足、农民收入增长困难问题还很突出,农业、农村仍然是我国经济社会发展中最薄弱的环节。只有实行统筹城乡经济社会发展的方略,才能切实优化经济结构和实现协调的、可持续的发展,才能使广大人民群众共享经济社会发展的成果,如期实现全面建成小康社会和现代化的宏伟目标。因此，取消农业税，绝不仅仅是为了农业、农村的发展和农民的富裕，而是关系实现国家的长治久安和民族的伟大复兴。我国总体上已进入以工促农、以城带乡的发展阶段，随着我国经济持续快速发展，国家财力不断壮大，国家财政有能力、有实力承担取消农业税这个成本。尽管取消农业税会减少财政收入、增加财政支出，但从国家发展、民族复兴的大局看，这些财政的减收增支是为破解"三农"难题、从根本上改变二元经济结构对经济社会协调发展造成的瓶颈制约、造福广大农民所付出的代价，不仅是应该的、必要的，也是十分值得的。

为此，取消农业税，是全面建设小康社会的必然要求，完善和规范了国家与农民的利益关系，可以更好地维护农民的根本利益，促进城乡居民共同富裕，实现更大范围、更高水平的小康。取消农业税是贯彻落实科学发展观的重大举措，不仅能降低农业生产经营成本，提高农业效益和农产品市场竞争力，而且能够调动种粮农民积极性，增强粮食综合生产能力，维护国家粮食安全，同时也将农业农村发展纳入整个现代化进程，让亿万农民共享现代化成果。取消农业税是扩大内需、保持国民经济持续快速发展的促进力量。农村是一个潜力巨大的消费市场，农村人口集中着我国数量最多、潜力最大的消费群体，是我国经济增长最可靠、最持久的动力源泉。增加农村需求是扩大内需的根本措施。取消农业税，增加农民收入，使亿万农民的潜在购买意愿转化为巨大的现实消费需求，将进一步提高农村消费水平，从而拉动整个经济的持续增长，盘活国民经济的全局。取消农业税是构建和谐社会的具体表现。农业税征管工作量大，征管成本高，处理不当还会直接影响农村党群、干群关系。取消农业税，有利于统筹城乡发展，也可以有力地促进政府特别是基层政府转变职能，把更多的精力放到履行社会管理、提供更多、更好的公共产品和公共服务上来，从而进一步改善和密切政府与农民的关系，维护社会稳定，促进构建和谐社会。取消农业税是建设社会主义新农村的基础环节。党的十六届五中全会提出建设社会主义新农村,是一个关系全局的战略举措。全面取消农业税,实行工业反哺农业,城市支持农村和多予、少取、放活的方针,加大各级政府对农业和农村增加投入的力度,让公共财政阳光更大范围覆盖农村,能够充分调动广大农民的积极性,保证社会主义新农村建设始终有力有序有效地推进。

(二)农村税费改革的基本内容:"三取消、两调整、一改革"

税费改革之前,农民承担的主要有两种税费:一是各种农业税(包括农业税、农业特产税、耕地占用税等),另一种是用以为农村居民提供公共产品和公共服务的形式繁杂的"费",包括集体提留、集资、摊派等,这种对于农民收入的分配方式,用农民的话进行概括就是"交完国家的、留足集体的、剩下的是自己的"。国家对农业的征税比例具有明确的法律规定,但由地方和村集体所征收的各种"费"却具有很大的随意性。20 世纪 90 年代,农民负担过重问题受到了中央的重视,进而下达一系列的文件与通知来规范农业税费的征收,1990 年国务院下达了《关于切实减轻农民负担的通知》,该通知明确规定农民负担的比例,要求以乡为单位,人均集体提留和统筹费,一般应控制在上一年人均纯收入的 5%以内。1991 年 12 月召开的党的十三届八中全会通过了《中共中央关于进一步加强农业和农村工作的决定》提出,目前农民税务负担过重,各种摊派有增无减,不仅直接影响农民增加农业投入,而且严重损害党和政府同农民的关系,各省、自治区、直辖市要在对农民负担的项目和费用进行全面清理的基础上,做出严格的具体规定。之后,中央和省级政府几乎每年都要颁发各种减轻农民负担的文件。但由于各种达标任务的不断下达,在压力型体制和"政绩型"考评体制下,县乡村基层组织结合成为乡村利益共同体,进而形成"赢利型经纪"和国家政权内卷化,导致农民负担不但未减少,在 20 世纪 90 年代以后反而大幅度增加。在税费改革前,各种形式、各种名目的收费、摊派、罚款成为农民的巨大负担。在巨大的经济压力下,农民收入增长速度持续下降。据统计,在 1997 年到 2000 年四年的时间里,农民收入增长速度从 4.6%降到了 2.1%,这严重挫伤了农民的生产积极性。

在乱收费屡禁不止的情况下,为进一步减轻农民负担,规范农村收费行为,中央决定进行农业税费改革,改革的方式为由点及面的渐进式改革。我国重要国策的推行一般都采用渐近性的实验法,先选取部分地区作为政策试点,然后在总结经验的基础上完善政策,再由点及面地在其他地区甚至全国逐步推展。这种政策推行方式的优点是,在尚不明确新政策的实施效应下,通过在小范围内进行试点发现新政策的利与弊,易于控制与纠正政策缺陷,从而避免在大范围内引发混乱,甚至造成无法挽回的巨大损失。农业税费改革政策是一项涉及在我国占绝大多数人口的农民问题,更是影响整个国民经济发展的大问题,其成败关乎农民生活、国家经济发展及国家政治安全稳定,为此在局部地区先进行试点实验是很有必要的。

2000 年,我国开始了农村税费改革历程,《关于进行农村税费改革试点工作的通知》就是对税费改革工作的指导文件。农村税费改革首先以安徽全省和部分省份的一些地区为试点,这项改革的核心内容是"费"改"税",把名目繁多的"费"有的取消,有的调整并入"税",试点地区的改革内容可以概括为:"三取消、两调整、一改革"。"三取消",是指取消乡统筹和农村教育集资等专门向农民征收的行政事业性收费和政府性基金、集资;取消屠宰税;取消统一规定的劳动积累工和义务工。"两调整",是指调整农业税政策和调整农业特产税政策,规定新农业税税率上限为 7%。"一改革",是指改革现行村提留征收使用办法,以农业税额的 20%为上限征收农业税附加,替代原来的村提留。

作为试点的安徽省,其省内农民负担的明显下降显示了改革的实际成效。据统计,在税费改革实行两年后,安徽省内平均每个农民减负30多元,减负大约达到了30%。实践证明了农业税费改革决策对于减轻农民负担效果显著,因而,2001年《关于进一步做好农村税费改革试点工作的通知》出台,要求在总结安徽等地试点经验的基础上,完善政策,扩大试点,进一步做好农村税费改革试点工作,将试点工作扩展到(加省份)16个省(自治区、直辖市)。到2002年,在已实行改革的20个省区市,农民的税费负担人均为86.6元,比上年同期减少16.6元,减少16.1%。后随着《关于全面推进农村税费改革试点的意见》的颁布,截至2003年,全国进行农村税费改革的省、自治区和直辖市达20多个。2004年进一步扩大到所有省、区、市。到2005年,全国免征农业税的省份已有28个,河北、山东、云南3个省也有210个县(市)免征了农业税。农民负担得到了大幅度减轻,2006年全面取消农业税后,与农村税费改革前的1999年相比,农民每年减负总额将超过1000亿元,人均减负120元左右,8亿农民得到了实惠。

为保证免征农业税后基层政权和农村义务教育正常运转,中央和地方财政为支持农村税费改革和取消农业税提供了坚实的财力保障。截至2005年,中央财政累计已安排农村税费改革和取消农业税转移支付资金1830亿元。从2006年起财政每年将安排1000亿元以上的资金用于支持农村税费改革的巩固完善,其中中央财政每年将通过转移支付补助地方财政780亿元。2005年12月29日,第十届全国人大常委会第十九次会议通过投票决定自2006年1月1日起废止《中华人民共和国农业税条例》。这意味着中国农民彻底告别延续了2600多年的"皇粮国税",中国步入"后税费时代"。

(三)农村税费改革的实践效应:政治、经济、社会的多重变革

农村税费改革的初衷是为了解决农民负担过重及基层干群关系紧张等问题。从实施成效来看,它不仅实现了这一初衷,更深刻地改变了国家与农

民、中央与地方、地方与基层等多重关系，改变了国家基层政权的运行方式、乡村社会的运行逻辑，可以说是一场融合了经济与政治的双重变革。

从农村税费改革所具有的经济意义来看，农业税费改革通过对国家、集体与个人的利益分配关系进行规范与调整，达到了减轻农民经济负担的目的，农民收入增加了，农民生产积极性与农业投入都大大提高，在一定程度上促进了我国农业经济的发展。据统计，自 2000 年税费改革政策实施以后，2008 年四季度人均税费总额已经从 2001 年四季度的 45.7 元下降到了人均 2 元。[①] 2006 年全面取消农业税后，与改革前的 1999 年相比，全国农民一年减轻负担约 1250 亿元，人均减负约 140 元，对规范政府行为、密切干群关系、有效化解农村矛盾、促进农村社会和谐稳定发挥了重要作用。[②]

由此可以看出，税费改革在减少农民经济负担方面具有实际的成效。而且，随着农民负担的减少，在农业生产方面的投入会相对有所增加，农民生产积极性也得到提高，在一定程度上起到了促进农业经济增长的作用。另一方面，影响经济增长的因素，不仅包括生产要素投入的增加和技术进步，还包括与之相关的制度安排，在技术不变的条件下，通过制度创新同样可以使经济获得有效增长。农业制度的改革与创新也是促进农业经济发展的重要因素。自 1978 年开始，我国农村经济制度从生产队体制向家庭联产承包责任制转变，这一制度转变曾经引起了我国 20 世纪 80 年代初农业产出的惊人增长。农业税费改革被认为是发生在我国农村的继土地改革、家庭联产承包责任制之后的第三场革命。此次变革通过对国家、集体与个人的利益分配关系进行规范与调整，极大地推动了生产力的发展。农民收入增加了，农民生产积极性与农业投入都大大提高，这在一定程度上促进了我国农业经济

---

① 张依茹、熊启跃：《农村税费改革对农民收入影响的实证分析》，《湖北社会科学》，2009 年第 6 期。

② 谢旭人：《功在当代 利在千秋——纪念农村税费改革十周年》，《中国财政》，2011 年第 6 期。

发展。有学者对我国 31 个省（市、自治区、直辖市）在 1996—2010 年间的相关数据进行分析发现，无论是税费改革较早的省份还是较晚的省份，2003年以后农林牧渔业的产值增长普遍有显著的加快。鉴于此时段生产要素的投入和技术均没有显著的变化，该学者认为，引起这次变化的最可能因素就是农业税费制度改革，这从实证的角度说明了农业税费制度改革对于促进农业经济发展具有重要作用。[①]

　　农村税费改革不仅仅是一次经济变革，更是一场改变乡村政治关系、促进政治发展的政治变革，它从根本上改变了国家与农民的关系，提高了农民对于国家的政治认同感，有利于农村社会的长治久安。政治认同是公民服从国家权力的一种内心状态，它是人们从内心深处产生的一种对所属政治系统的归属感或依附感，其本质是社会公众对政治权力的信任、对政治价值的信仰。政治认同程度的高低直接影响着政治体系的稳定，当公众对于国家政权具有强烈的政治认同时，政治体系就会趋于稳定与长久。反之，当公众对国家的政治认同程度低或者表现为政治不认同时，就会对政治体系产生极大的摧毁作用。经济利益的增减、民主权利的得失及政治效能感的强弱等因素都会影响公众的政治认同程度。詹姆斯·C.斯科特在《农民的道义经济学：东南亚的反叛与生存》中指出："在日常生产、生活中，农民不得不关注与自己生活、生产密切相关的经济利益。这种以经济利益为中心的生存伦理不仅是农民行动的逻辑，也是农民对政治作出评价的基本标准，即构成农民政治认同的逻辑起点"。农业税费改革正是从"多予、少取、放活"的原则出发，切实保障和增加农民的经济利益，从而提升了农民的经济利益型认同。

　　另一方面，取消农业税后，因税收工作引发的乡村干群的紧张关系从根

---

　　① 高健、油永华：《农业税费改革对农业经济增长影响的实证分析：1996—2010》，《天水行政学院学报》，2012 年第 5 期。

本上得以缓解,乡村利益共同体消失,以村委会选举为核心的乡村民主由此获得了成长空间,农民的民主权利得到了维护与发展,在不少地方甚至出现了"直选乡镇长""直选乡镇党委书记"的尝试,农民对基层民主生活表现出积极预期和高度认可,其民主权力型政治认同得到明显提高,并在一定程度上提升了政治效能型政治认同。有学者针对"税费改革是否提高了农民政治认同"这一问题 在广东、湖南、陕西、四川、辽宁等地区进行了调查研究,结果显示,超过 70%的受访农民认可农村税费改革的政策,超过 50%的受访农民通过农村税费改革的经历而保持了对社会主义制度的认可, 有鲜明的政治信仰。[①]为此,税费改革改变的不仅仅是农村经济的发展,更改变了国家与农民的关系,增强了广大农民对国家的政治认同。亨廷顿曾言:"农村在现代化国家的政治中起着举足轻重的作用……它或是充当稳定的源泉,或是充当革命的源泉。如果农民默认和认同于现存的政治体系,那么它就为政治体系提供了稳定的基石。倘若农民积极地反对政治体系,它就会成为革命的推行者。"[②]对于农业大国的中国更是如此。可以说,农村税费改革从根本上夯实了国家政权稳定的基础,具有巨大的政治意义。

在取消农业税的同时,国家加大了对农业农村发展的支持力度,有力推动了农村公共事业的发展。随着公共财政逐步覆盖到农村,财政对农村基层组织运转和社会事业发展的保障力度不断加大。2000 年至 2006 年,中央财政累计安排农村税费改革转移支付 2634 亿元,各地也相应增加了投入。各地积极开展以乡镇机构、农村义务教育、县乡财政管理体制改革为主要内容的配套改革,促进了农村上层建筑领域的深刻变革,推动了农村体制机制

---

① 陈朋、齐卫平:《后农业税时代农民政治认同类型的实证分析——基于粤湘川陕辽 72 个村庄的调查考察》,《社会科学》,2008 年第 2 期。

② [美]萨缪尔·亨廷顿:《变革社会中的政治秩序》,李盛平等译,华夏出版社,1988 年,第 285~286 页。

变革。①

三、农村税费改革推动乡村治理进入新阶段

马克思曾指出:"人们奋斗所争取的一切,都同他们的利益有关。"②利益关系是人与人、人与组织、组织与组织之间的根本关系,利益关系的改变会推动利益主体行为发生转变以适应新的利益关系。农村税费改革尤其是农业税的取消,从根本上改变了国家、集体与农民之间的利益分配关系,消除了乡村利益共同体在乡村获取利益的根源,从根本上改变了基层乡镇政府与村委会、村委会与村民、基层党组织与村委会之间的关系,促使乡村基层组织的运行机制、行为逻辑及权力结构等发生变化,乡村治理结构进入新阶段、呈现出新形态。

(一)农村税费改革倒逼乡镇机构改革

随着国家农村发展战略从汲取向反哺转变,农业税费的取消、计划经济体制的结束,基层党组织和基层政府所承担的农业计划生产与销售、政治审核、社会管理、政治动员等功能逐渐弱化甚至消解,尤其是进入 21 世纪科学技术快速发展,发达的交通、快捷的信息传播,推动了农村城市的快速流动,城乡统筹发展进入新阶段, 如何在新农村建设中重新定位基层组织和基层政府的职责,科学合理设置机构配置等,就必然成为改革的一项重要内容。

1.农村税费改革推动基层政权组织功能发生转变

要了解乡镇机构改革的原因, 就需要追溯到新中国成立初期恢复乡镇政权的初衷。新中国成立初期,乡镇政权的恢复与重建主要是为了将国家权

---

① 谢旭人:《功在当代 利在千秋——纪念农村税费改革十周年》,《中国财政》,2011 年第 6 期。
② 《马克思恩格斯全集》(第 1 卷),人民出版社,1956 年,第 82 页。

力渗透到基层社会以消除国家与社会的分裂状态,尤其是在国家实施工业化发展战略之后,乡镇政权除了承担整合农村社会的功能外,还承担了从农村汲取资源、进行基层社会管理等功能。这些功能决定了乡镇机构的存在基础和运转逻辑。

首先,农村税费改革标志着国家对于农村发展战略从汲取向反哺的战略转变,这一转变消解了乡镇政权在新中国成立之初所担负的历史使命,迫使其必须进行机构改革与职能转变以适应后税费时代国家与农民的新关系。在新中国成立之初实施的工业化发展战略背景下,介于国家与农民之间的乡镇政权的主要任务就是从农村提取农产品剩余,这是其存在的主要使命。而在经过 20 多年的工业化建设之后,国家的发展已经不再需要从薄弱的农业进行资源积累,反之,工商业的良性发展需要具有进一步提高农村消费能力的支持。为此,我国实施了以"多予、少取、放活"为主要内容的农村税费改革,以及后来随着改革深入而取消农业税,再到后来一系列的惠农政策。这些改革都标志着国家与农民的关系正从汲取向反哺进行转变,开始了"工业反哺农业,城市支持农村"的新战略。乡镇政权在建立之初所承担的汲取资源的使命不再存在。另一方面,乡镇政权整合农村社会的功能也出现弱化趋势。经过几十年的现代国家建设之后,农民对于国家的认同意识已经基本得以确立,而且在科学技术快速发展的现代化社会中,发达的交通、快捷的信息传播等现代化整合手段,使得基层政权在社会整合中的作用逐步弱化。在这种背景下,乡镇政府如何改革以适应新的历史形势,甚至乡镇政权是否还具有存在的必要性,就成为理论界研究与现实关注的问题。这也是乡镇政权必须进行改革的根本原因。

其次,农村税费改革对乡镇政权形成的财政压力是促使其进行改革的直接原因。农村税费改革并不是乡村体制改革的充分必要条件,但由税费改革形成的财政压力却是导致乡村体制改革的直接原因,这是一种由财政压力引发的制度变迁。从当时的基层收入结构来看,农村税费是地方财政尤其是基层财政的主要收入来源,在合并税费及取消农业税后,基层财政收入大大减少,为了弥补农村税费改革后基层形成的收支缺口,保障基层政权组织的正常运转,国家从三个方面进行了改革与补充:转移支付、发展经济、乡镇机构配套改革。然而转移支付相对于收支缺口来讲是不够的,发展经济又需要一个长远的过程,所以只有推进机构的配套改革,减少人、事、财的支出,改变"食之者众、生之者寡"的局面,才能确保农民负担不反弹,走出黄宗羲所讲的"积累莫返之害"的怪圈。

在理论解释层面,学者熊彼特、希克斯、诺斯都对财政制度与现代国家制度的关系进行了深入研究,国内学者何帆将他们的观点进行总结与提炼,提出了"熊彼特—希克斯—诺斯"命题,由此解释了财政压力引发体制变迁的逻辑原理:财政压力是引起改革的诱因,也决定了改革路径的选择。这一原理的逻辑理路在于:"在边界稳定的社会中,随着时间的推移,国家的合法性(legitimacy)将逐渐下降,为了维持已有的合法性水平,国家就不得不不断提高财政支出。而财政支出持续增加的后果是引起财政收支的缺口不断扩大,财政支出的增长率超过国民经济的增长率,最终出现财政压力。财政压力使国家无法再依靠原有的政策维持合法性水平不变,或者说,财政压力反过来会导致国家合法性的进一步下降。为了打破这一恶性循环,国家开始寻求改革。于是,财政压力引起了制度变迁。"[1]面对财政压力,制度一般会呈现两种变迁路径:一种是通过减少国家承担的公共产品或公共服务的种类与数量,或者缩小自身机构规模,以此节省财政开支,也即通常所说的"甩包袱";另一种途径是"向新增财富征税",即洞察社会财富的新去向,通过挖掘财政收入增加的潜力,向新兴的部门征税或者提高税率,以此增加财政收入

---

① 徐增阳、黄辉祥:《财政压力与行政变迁——农村税费改革背景下的乡镇政府改革》,《中国农村经济》,2002年第9期。

（见图 3-1）。

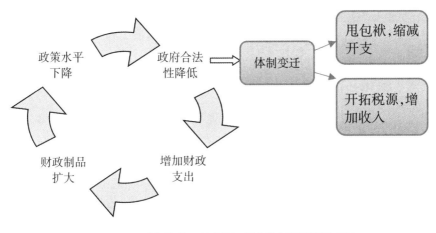

图 3-1　"熊彼特—希克斯—诺斯"命题逻辑原理图

　　税费改革首先是一项有关财政税收的改革，尤其是随着改革的深入而逐步取消农业税,对于以农业税收为主的乡镇财政形成不小的影响和冲击。在分税制背景下,农业税在中央、省、地、县四级财政收入中的比重并不大,但它却是乡镇财政收入的主要税种。2003 年营业税、增值税、企业所得税、个人所得税、农业四税在乡镇财政总收入中所占比例分别为 18.15%、15.18%、8.39%、10.35%、30.47%。①这就意味着,取消农业税将使得乡镇财政收入的一大部分没有了来源。除了农业税之外,乡镇财政收入的另一大来源就是乡镇统筹与自筹,包括乡统筹和村提留、各种集资、摊派、捐款、收费、罚没等。它本来是一种体制外的财政收入,应当在财政收入中所占比重较小,但由于地方财政特别是乡级财政缺乏主体税种而产生了较大的财政缺口,为了弥补缺口保证乡级政府正常运行, 自筹收入实际占到了乡镇收入的很大比重,1996 年乡镇自筹、统筹收入约占乡镇总财政收入的 34.03%,1998 年达到了

---

　　①　李永忠:《取消农业税对乡镇财政的影响与现实出路》,《湖北社会科学》,2008 年第 12 期。

38.78%,1999 年为 37%,2000 年为 39.29%。[1]农业税的取消加上自筹统筹收入的减少对乡镇财政形成巨大影响。农村税费改革取消了面向农民征收的行政事业性收费、政府性基金集资、屠宰税、劳动积累工和义务工等乡自筹和统筹项目,这些税费的取消意味着乡镇财政减少近 40%的收入。据统计,税费改革后,平均每个乡镇财政收入减少 30%~50%[2],乡镇一级的财政压力可想而知。根据"熊彼特—希克斯—诺斯"命题,在财政压力下,政府必须通过"甩包袱",即较少服务或缩小规模与"向新增财富征税"来摆脱财政压力。对于乡镇政府而言,它并不具有增加税收开拓税源的职能。为此,税费改革所造成的财政压力直接导致了以"机构合并,人员分流"为核心的乡镇机构改革的推行,从而将一个全面性的社会问题化解为政府体制内改革的问题。

2.乡镇机构改革的特点

在传统功能消解及巨大的财政压力下,乡镇政府走上了"撤并乡镇、精简机构、分流人员"的改革之路。《中共中央、国务院关于进行农村税费改革试点工作的通知》《关于市县乡人员编制精简的意见》《国务院办公厅关于进一步做好农村税费改革试点工作的通知》都明确提出,将乡镇机构改革与农村税费改革密切配合,通过精简乡镇机构、压缩财政供给人员、撤并乡镇、干部交叉任职等改革途径,确保农村税费改革的实效。随着改革的推行,在机构撤并、人员裁减的过程中,由于没有及时地进行职能调整,造成了管理缺位等一些问题。为此,2005 年党的十六届五中全会召开,会议决定全面推行农村综合改革。2006 年的《中共中央、国务院关于推进社会主义新农村建设的若干意见》(中发〔2006〕1 号)和《国务院关于做好农村综合改革工作有关问题的通知》(国发〔2006〕34 号),明确要求乡镇机构改革不能仅仅停留在精

---

① 陈永正、陈家泽:《论中国乡级财政》,《中国农村观察》,2004 年第 5 期。

② 徐勇、刘义强:《"湖北新政"与中国乡镇政府改革实践研究》,中国改革发展研究院编:《中国新农村建设:乡村治理与乡镇政府改革》,中国经济出版社,2006 年,第 355 页。

简机构、分流人员上,而应该从根本上转变政府职能、提高行政效率,建立规范、高效的基层行政管理体制和运行体制。《中央机构编制委员会办公室关于深化乡镇机构改革的指导意见》(中办发〔2009〕4 号)要求在全国范围内开展乡镇机构改革。伴随着农村税费改革而开展的乡镇机构改革在全国范围内开展,呈现出一定的特点:

首先,全国范围内乡镇机构改革的整体效果显著,地区间存在差异。从各地方的改革实践来看,乡镇机构改革的普遍做法是精简机构、合并乡镇。乡镇机构改革之初,《中共中央办公厅、国务院办公厅关于市县乡人员编制精简的意见》(中办发〔2000〕30 号),曾明确要求:"全国市县乡机关行政编制总的精简比例为 20%"。在此要求之下,全国范围内的乡镇机构改革取得了一定的效果。据民政部统计,截至 2004 年 9 月 30 日,全国乡镇数量为 37166 个,比 1995 年减少了 9970 个,共精简机构 1728 个,裁减人员 8.64 万人,减少财政支出 8.64 亿元。①在乡镇机构缩减的同时,村与组的数量也有所减少。国家统计局发布的数据显示,相对于 1999 年,2005 年村委会数量减少了 171921 个,减幅为 21.46%,村民小组数量减少了 652000 个,减幅为 11.73%。财政部公布的数据显示,截至 2010 年底,全国 85%的乡镇进行了机构改革。②

相对于全国的情况,各地方的乡镇机构改革存在一定的差异性。例如,赵树凯调查的 20 个乡镇中,大部分乡镇的人员并没有减少,少数人员有所减少的乡镇,由于历史欠账太多反而出现了财政支出增加的状况。③而王习明调查的四川省和重庆市的乡、村合并幅度却大于全国,2000—2005 年,成都市乡、村两极区划单位分别减少 27.42%、45.6%,是全国平均减幅的 1.57 倍、2.02 倍。重庆市乡、村两级区划单位分别减少 31.75%、48.23%,是全国平

---

① 张新光:《论中国乡镇改革 25 年》,《中国行政管理》,2005 年第 10 期。
② 谢旭人:《功在当代 利在千秋——纪念农村税费改革十周年》,《中国财政》,2011 年第 6 期。
③ 赵树凯:《乡镇治理政府制度化》,商务印书馆,2010 年,第 87~89 页。

均减幅的 1.82 倍、2.13 倍。在乡镇机构人员精简和职能转变方面,成都市也走在全国的前列,2004—2005 年,全市精简乡镇党政办事机构 206 个,减幅达到 13.96%;减少乡镇行政编制 1028 名,减幅达到 12.3%;减少乡镇党政领导干部职数 1133 名,减幅达到 37.84%;事业编制减少 10994 名,减幅达到 87.32%。[①]

乡镇机构改革之所以会在不同地区之间出现差异，是由我国地区间经济发展差异与政治发展的非均衡性造成的。这种非均衡性情况在东南沿海发达地区和中西部地区之间表现尤为明显。一般来讲,经济压力较大的地区改革的剧烈程度往往也较大,而经济压力承受较小的地区，则相对较为缓和。从改革的原动力来看,在经济欠发达的地区,财政压力往往是迫使政府进行改革的重要原因,由于这样的改革关乎政府机构能否维持正常运转,因此改革往往较为剧烈。而在经济较为发达的地区,一般不存在太大的经济压力,即便是由于农村税费改革减少了政府收入,但其经济发展的超量剩余依然可以维持政府运转。因此，在这些地区一般不会因财政压力进行体制改革,或者精简机构、裁减政府工作人员。在这些地区,改革的动力更多是来自地方政府之间的竞争,尤其是地方之间在经济发展上的竞争,为了比其他地区更快地发展经济,必然要求对政府的公共服务能力进行改革,从而为经济发展创造良好的氛围,但这种压力下的改革并不是关乎政府自身的生存与维系,因此改革的程度往往不会像财政压力下的改革那样剧烈。

其次,乡镇改革从外延式改革发展为内涵式改革,农村管理体制规范化程度提高。所谓外延式改革,是以事物的外部因素作为动力和资源的改革模式。它强调的是数量和规模、空间的变化,主要在外围进行行政区划和机构合并。内涵式改革是以事物的内部因素作为动力和资源的改革模式,强调内

---

① 王习明:《城乡统筹进程中的乡村治理变革研究》,人民出版社,2012 年,第 63 页。

在本质的变化,注重政府职能转变,运行体制与机制的规范化。在农村税费改革之初,地方政府税收减少,出于财政压力,各地方大多通过精简乡镇党政机构和人员编制来进行缓解,这一时期的政府文件也从数量上对精简工作做出了具体要求。但随着改革的深入,简单的合并机构与裁减工作人员,不仅没有切实减轻乡镇财政负担,甚至在有些地方还出现了反弹,造成了一些管理缺陷。例如,由于乡镇涉农站所的合并和市场化,使乡镇农技专业人员大量流失,农业技术推广服务在乡镇以下出现断裂。简单的机构与人员的增减不仅没有达到改革的目标,每精简一次,都要消耗一定的时间和物资,反而付出了很大的成本。机构、人员编制是与管理体制、管理职能相适应的,不对后者进行改革,仅仅在机构设置、人员编制方面增增减减,不仅难以解决实际问题,还会形成一种不利于改革的预期——改革之后还会恢复原样的。这种预期会使之后的改革陷入困境。要解决这一问题,必须发展新的改革思路,避免陷入"精简—膨胀—再精简—再膨胀"的不良循环。

改革乡镇政府职能势在必行。2005 年党的十六届五中全会召开,决定全面推行农村综合改革。2006 年国务院发布的《关于做好农村综合改革工作有关问题的通知》明确提出,农村综合改革的目标是要建立精干高效的农村行政管理体制和运行机制,并且要以因地制宜、精简高效、权责一致为原则,转变乡镇政府职能,通过精简机构人员,提高行政效率,并逐步建立起行为规范、运转协调、公正透明、廉洁高效的基层行政管理体制和运行机制。2009 年1 月,中共中央办公厅、国务院转发了《中央机构编制委员会办公室关于深化乡镇机构改革的指导意见》(中办发〔2009〕4 号),决定在 2012 年前全国基本完成以职能转变、严格控制机构和人员编制、完善事业站所管理为重点的乡镇机构改革。从简单的机构数量限制,转变为机构、人员设置与政府职能相匹配,实现体制运行的合理化与规范化,这标志着我国乡镇机构改革从外延式发展向内涵式改革的转变。经过农村综合改革,乡镇机构过滥、财政供养人员过多、人员严重超编等问题得到了一定的控制。在 2006 年以后，乡、村、组的数量基本保持了稳定，财政负担有所减轻，税费改革成果得以巩固，乡村两级组织也从收取税费的任务中解脱出来，有了更多时间从事农村公共服务。

（二）农村税费改革带动村民自治的自治性回归

《中华人民共和国宪法》(1982 年)肯定了村民委员会作为我国农村群众性自治组织的性质，将村民自治作为乡村治理的一种重要方式。然而在压力型行政体制下，乡镇政府为了完成任务繁重的税费征收任务，通过各种途径对村民自治组织施加影响与控制，使得村民委员会的自治性异化为半行政化半自治化的性质。同时，由于村级组织的运行成本大多从各种提留中获得，为此村级组织与乡镇政府形成一种利益共同体，村级干部也为了获取更多利益而更愿意履行税费征收任务，村级自治事务长期被忽视。农村税费改革的推行，规范了农村资源在国家、集体、农民之间的利益分配，尤其是农业税的取消瓦解了长期存在的乡村利益共同体，村民自治逐渐向"自治性"回归。

首先，税费改革为村民自治提供了良好的外部行政环境。农村税费改革尤其是取消农业税的政策改变了乡镇政府的职能重心，也改变了政府与农村社会之间的关系，使之从管制向服务的方向发生转变，从而为村民自治从行政化向自治性回归提供了良好的外部环境。以"少取、多予、放活""工业反哺农业"为主要原则的农村税费政策实施后，通过"三个取消、两调整、一改革"直至农业税的取消，乡镇政府不再担负税费征管任务，消除了乡村干群矛盾产生的一大根源，与此同时，乡镇也很快意识到必须尽快转变职能以寻求其存在的正当性，主动将职能从管制向服务转变，这给村民自治留下了广阔的空间。

在"少取、多予、放活"的原则下,地方政府在农村的税费收取行为受到严格规定与限制,财政收入大大减少,在此压力之下,同时为了巩固税费改革的成果,倒逼地方政府尤其是基层政府进行机构改革。2006年《中共中央、国务院关于推进社会主义新农村建设的若干意见》(中发〔2006〕1号)和《关于做好农村综合改革工作有关问题的通知》(国发〔2006〕34号)发布,明确要求乡镇机构改革不能仅仅停留在精简机构、分流人员上,而应该从根本上转变政府职能、提高行政效率,建立规范、高效的基层行政管理体制和运行体制,其中转变政府职能就是要将政府工作重心从经济发展转移到创造良好环境,增强社会管理和提供公共服务上来,由以前的直接管理、行政命令、组织推动转变到政策引导、典型示范、市场服务上来。在这些政策的指导下,基层政府在农村的税费征管职能转变为为农村发展创造良好的环境,增强公共服务等职能,从而为村民自治创造了良好的发展空间。

其次,税费改革为村民自治提供了良好的经济环境。税费改革以前,在城市与农村二元结构下,国家财政为城市提供了基础设计和各种保障等公共服务,而在农村这些公共事业则主要依靠向农民征收"三提五统"加以解决,再加上一些地方政府搞所谓的"政绩工程",甚至超出了农民的负担能力,由此形成了巨大的乡村债务,农民负担沉重,对税费具有强烈的反感和抵触情绪,税费征收工作异常困难。在此情况之下,乡镇政府要想完成上级下达的税费征缴任务,必然会加大征管力度,加强对村民委员会的行政干预。在强大的乡镇政府管制力量下,村民自治只能流于形式。税费改革以后,国家不仅严厉禁止向农民收取任何税费,而且变汲取关系为补贴关系,为农民提供各种种地补贴,城乡一体的公共财政体制逐步建立,中央政府也加大了中央财政转移支付力度,以前由县、乡政府和村集体承担的基础教育、医疗等农村公共产品和公共服务,开始转变为由中央和地方政府共同支付,从而有利于防止产生新的乡村债务,更有利于从源头上解决乡镇政府机构和人员膨胀的制度原因，基于财政压力和税费任务而产生的行政压力大大减少，外部干预力量的大幅减弱为农村内部自治力量的生长创造了可能。

再次，"并税"式改革将村委会从行政事务中解放出来。"并税"式改革就是将各种税费合并为税，并以正规的政府税务部门依法征税取代"任务分摊"。这一税费征管方式通过统一管理实现税务征收的规范化，从而遏制政府乱收费行为。并税制度的实行使得农民摆脱中间层层组织与机构，直接面对国家税务部门。这种方式下，一方面政府部门不能再以各种名目向农民收费和摊派，另一方面，税费征管任务不必通过村民委员会完成，村民委员会也不再作为基层政府的"一条腿"完成其下达的各种摊派和收费任务，这将有利于基层政府与村委会从领导与被领导的关系向指导与协助关系转变。

最后，公共事业"一事一议"促进村民自治发展。公共事务通过"共同商议"进行决定，是自治的根本要求，也是基层民主的主要体现。《中华人民共和国村民委员会组织法》（1998）第十九条具体规定了必须提请村民会议讨论决定的八个事项，其中就包括了乡统筹和村提留的收缴及使用。此外，第二十二条还规定了"村民委员会实行村务公开制度"。但在实际的乡村治理中，由于乡镇行政压力，村委会不但承担了本不该承担的部分行政职责，村民会议的存在与召开也仅仅具有形式上的意义。村级事务往往由少数几个人决定，尤其是对于较难在村庄中开展的工作，例如税费征收就更无法经由村民会议讨论后实行，乡村只能通过强力手段完成。而且，为了保证对村委会的控制，许多地方实行了"村财乡管"政策，在这样形式下，村级财务很难做到公开，村民监督也无从落实。

公共事业"一事一议"是农村税费改革的一大重要措施。它要求通过"一事一议"的办法为村办集体生产和公益事业提供所需资金，例如村级道路建设和农田水利基本建设、植树造林等，这些公共事业原本是由乡统筹和村提留支持的。具体而言，"一事一议"的过程就是以"量力而行、群众受益、民主决定、上限控制"为原则，对于群众具有强烈要求的村内公共事务，采取大家提、大家议的方法，由村民大会或村民代表大会讨论决定，对于想做什么、怎么做、做到什么程度等，都广泛听取村民意见，并在参加议事的全体受益群众中通过，本着谁受益、谁负担的权利、义务一致原则，由农户对相关事业成本共同分担。这一制度的优点在于：①农民可以运用民主的方法，通过集体行使权利，达到保护自身利益的目的，而且这一方法更能体现绝大多数人的意愿，从根本上缓和了乡村干群矛盾，防止了腐败与不正之风；②村民对于村集体事务具有发言权和决定权，形成了"大家的事大家议、大家办"的民主氛围，有助于促使村民积极参与公共事务管理，培养其集体意识和参政意识，从而加快村民自治的步伐；③税费改革要求村务要做到方案上墙、支出公开、费用透明，所议项目在事前、事中、事后都要公开。例如，安徽税费改革要求对筹款项目、用途、筹工标准、开工时间、施工方法、工程进展情况、完工后的资金使用情况等，都全榜公布，这将使得村民拥有预算权和对财务开支的审计权，有利于确保村务公开透明，加强群众监督。从地方实践情况来看，奖补试点大大激发了村民参与村内公益事业建设的积极性，不仅促进了村级公共事业的发展，而且促使村民自治和农村集体事务向规范化的方向发展，促进了农村基层民主政治的建设与发展。

（三）农村税费改革推动乡村关系进入调试期

农村税费改革不仅对乡村治理运行机制产生影响，促使乡镇机构进行机构精简与职能转变，带动村民自治摆脱过度行政化，逐步向自治性回归，而且还对治理主体之间的关系产生了重大影响，使之朝着更加规范的治理方向发展。这主要体现为，作为"乡政村治"治理结构中最主要的治理主体，乡镇党委、政府与村支委、村委会的关系发生了新的转变。

随着农业税的取消，乡镇不再需要依靠村级组织的帮助来完成税费征缴任务,村干部也不再能从税费征缴中搭便车,从中获取私利,这样就打破了乡村形成的利益共同体,使两者关系具有了朝着"指导"与"被指导"方向发展的条件。在摆脱了巨大的行政压力之后,乡镇政府与村级组织的关系必然会出现新的调试。

首先,减免农业税缓解了乡镇政府向农民征收税费的"目标考核"压力,税费征收不再是政府工作的重心,乡镇政府职能从"收钱"上"大撤退",已经没有必要再继续维持乡村间的支配性关系。

其次,在税费改革以后,在财政困境下乡镇也没有更多的资源来维持这种关系。"三提五统""两工"的取消,尤其是农业税的取消,对于大多数没有集体经济收入来源的村而言,意味着主要经济来源的切断,以此资金为主要支撑的村干部工资及村级公共产品转为依靠上级财政的转移支付。在将村级各种开支完全纳入上级政府财政框架之内的情况下,村对乡镇的依附性显著增强,但与之相反,乡镇对村干部的控制能力却越来越弱,这是由于税费改革同样使大部分乡镇失去了财政收入来源,乡镇财政面临财政紧张、运转困难的问题。乡镇机构的运转及公共服务职能的履行在很大程度上也都主要依靠上级的转移支付。在乡镇"自身难保"的情况下,它对村一级的资金支持在多数时候也只能停留在纸面上和口头上。为此,乡镇对村干部的支配性关系越来越弱化。

最后,税费改革后乡镇政府没有利益需求再维持对村干部的"控制"。要维持原有的乡村之间的支配性关系是需要"成本"的。只有在收益大于成本之时,乡镇才会以一定的成本换取具有更多收益的控制关系,反之,就会减弱控制关系。税费改革改变了国家、集体与农民在农村社会的利益分配关系,税改后形成的新利益格局是一种不利于乡镇政权利益的形势,已经不能再将各种税费纳入本级财政收入,没有了收益可言,自然不会付出成本。即便是在"后税费时代",乡镇仍然有一定的行政任务需要村民组织协助完成,但总体而言,这些任务都没有以前以财政收入增长为目的的积极性。在有限的财政下,乡镇政府为了尽量减少乡村治理成本,通常会要求积极推行村民自治,并通过与村民自治组织的合作来实现乡村良好治理,这符合它治理的需要和利益要求。例如,有的学者在湖北省最早进行乡镇体制改革的咸安农村调查发现,这里的乡村之间已经开始转向民主合作式新型关系,同时乡镇政府将农村公共品以"契约"的方式委托给各种企业性、社会性组织来生产。乡镇政府几乎不再对农民进行面对面地管理,由过去的直接管理转向间接治理,而且这种新的治理模式,更主要的是依赖"法律—契约"进行治理;由过去的政府"单边治理"走向各种形式的"双边治理"(例如"乡政"与"村治"之间的双边治理、"乡政"与各种企业性、社会性组织之间的双边治理)乃至"多元治理"(治理的主体不再是"乡政"一个治理"中心",村民自治组织、各种企业性、社会性组织甚至各种农民合作组织等,都逐渐成长为农村治理的重要主体)。[1]

(四)农村税费改革促使农村两委走向交叉任职

自新中国成立以来,基层党组织一直在农村建设中发挥领导核心作用,尤其是在人民公社时期,实行"党的一元化领导",农村的经济、政治资源及分配权力都掌握在党的手中。20世纪80年代,"乡政村治"治理结构的推行,不但重新恢复了乡镇机构设置,而且实行农村村民自治制度,由此乡村权力从"一元化"走向"二元化"甚至"多元化",村党支部和村民委员会成为国家依法设立在农村的正式管理组织。在乡村治理实践中,两者并不是处于相安无事、和谐共治的状态,而是由于种种原因导致一些矛盾与冲突。农村税费改革后, 尤其是取消农业税之后, 鉴于财政困境与减少两者摩擦的双重考

---

[1] 吴理财:《从税费征收视角审视乡村关系的变迁》,《中州学刊》,2005年第6期。

虑,不少地方实行了"两委"交叉任职。

农村税费改革后,没有集体经济收入来源的村一级的财政状况大多开始出现恶化情况。在此种情况下,为了适应税费改革带来经费减少的形势,同时为了减少"两委"之间的摩擦与冲突,很多地方开始尝试两委交叉任职模式。这一模式又包括了"一肩挑"和"两委一体化"两种状况。前者指两委的主要领导,即村支书与村主任由一个人担任,后者指通过法定程序,两委成员交叉兼职,实行"两套班子、一套人马"。"一肩挑"的模式在实践中又具有两种形式:一种形式是村支书竞选村主任,当选后就具备了村民认可的合法性;另一种形式是如果村民选举出的村主任是党员,可以在党支部会议上被推选为村支书,这样也具有了村民认可的基础。交叉任职获得国家认可后在大部分农村地区开始实行。2004—2005 年,"一肩挑"比例较高的省份如山东、海南达到了 80%以上,其他省份也达到了 20%~40%之间。2001—2003年,部分省份村党支部成员兼任村民委员会成员的情况,其中兼职比例最高的广东达到了约 80%,兼职比例较低的如安徽也达到了 30%以上。[①]

2004 年青岛即墨第八届村两委换届选举中,村党支部书记、村主任一人兼的比例达到了 82%,村两委成员交叉任职率达到了 78%,在 2007 年第九届两委换届选举中,两者的比例分别达到了 87%和 85%。[②]据新华网发布的《贵州万山试行农村两委交叉任职制度调查》显示,2005 年 7 月至 10 月,贵州省万山特区在选举产生第一届村级班子的同时,将党的领导与村民自治统一起来,全面推行"一人兼"和交叉任职工作。到 2007 年 4 月,万山特区两委交叉任职率达到了 78.46%,享受固定补贴的村干部由 176 人减少到了 67人,补贴标准从每人每月 200 元,增加到支书、主任报酬起点每月 400 元,

---

① 史卫民、潘小娟等:《中国基层民主政治建设发展报告》,中国社会科学出版社,2008 年。

② 韩德胜、李娜:《村级"两委"一把手"一肩挑"面临的问题分析——对青岛即墨市"两委"交叉任职的调查分析》,《中共青岛市委党校青岛行政学院学报》,2010 年第 4 期。

"两委"委员每月350元,以后逐年增长。可见,通过交叉任职,一方面减少了村干部的数量,另一方面可以将节省下来的财政用于提高村干部待遇,从而有利于调动村干部的工作积极性。

在实践运行中,村"两委""交叉任职"的制度取得了良好的效果。首先,交叉任职体现了精简效能,在交叉任职体制下村干部的数量减少了,从而降低了村级组织运行的经济成本,减轻了农民负担,有利于巩固税费改革的成效。即墨市第八届村两委换届选举成员比选举前减少约1110人,据山东省民政厅估计,如果在全山东省实行"一肩挑",将减少村级干部约15万人,为农民减轻负担约5亿元。①其次,交叉任职体现了党的领导与村民自治的有机结合,有利于解决以前存在的两委之间的分歧与矛盾,消除了由于农村两委的个人冲突而形成的摩擦,有利于提高工作效率、维护村级团结和经济发展。再次,交叉任职有利于优化村两委成员结构,尤其是"一肩挑",必然要求当选之人在村里具有较高威望,而且能够获得上级党委的认可,能够很好地处理对上和对下的关系,"双带"能力强,而且能够为群众办实事、办好事。

四、去农业税后的乡村治理体系

去农业税后,随着乡村关系的调整和调试,逐渐形成了新的乡村治理体系。如果以村为单位来理解乡村治理体系,可以分解为村内部结构(村两委、村民大会、村民小组、村级事务管理组织等村自治组织)和外部(乡镇党委、乡镇政府等)两部分。综合来看,乡村治理的主体既包括各种村级自治组织,也包括村党支部与乡镇政权组织,权力结构具有多元化的特点(见图3-2)。如果将村庄看作是一个自治的封闭系统的话,村庄治理就表现为各种自治

---

① 韩德胜、李娜:《村级"两委"一把手"一肩挑"面临的问题分析——对青岛即墨市"两委"交叉任职的调查分析》,《中共青岛市委党校青岛行政学院学报》,2010年第4期。

组织的权责、运行方式及相互关系,这是乡村治理的内部结构。然而,事实上,村庄并非一个自治的封闭系统,而是不断与外部环境进行互动的开放系统,村庄外的基层政权组织或者按照法律有关规定,或者在法律规定外实际地对村庄治理产生影响,这些组织的运行机制及与村庄自治组织的关系构成了乡村治理的外部结构。因此,乡村治理结构体系可以从内部治理结构与外部治理结构两个方面来理解。

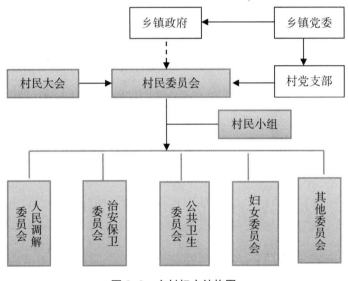

图 3-2　乡村权力结构图

乡村治理内部结构是指,村庄内部的各种自治组织及其相互关系,包括村民大会、村民代表会议、村民委员会及村民小组。各组织的职责与关系具体表现为:

村民大会是村最高权力机构,有十分之一以上的村民或者三分之一以上的村民代表提议,应当召集村民大会。不召开村民大会时,由村民代表会议代行村民大会职权,涉及村民利益的重要事项,必须经村民大会讨论决定方可办理;村民委员会由村民直接选举产生,由主任、副主任和委员共三至七人组成,是村民自我管理、自我教育、自我服务的基层群众性自治组织,实行民主选举、民主决策、民主管理、民主监督,主要负责办理本村的公共事务和公益事业,调解民事纠纷,协助维护社会治安,向人民政府反映村民的意见、要求和提出建议。村民委员会执行村民大会、村民代表会议的决定、决议,向村民大会、村民代表会议负责并报告工作,接受村民大会、村民代表会议和村民的监督;村民大会或者授权村民代表会议审议村民委员会的年度工作报告,评议村民委员会成员的工作;村民大会有权撤销或者变更村民委员会不适当的决定;有权撤销或者变更村民代表会议不适当的决定。村民代表会议作为村民大会的委托机构,是村庄内部民主决策机构和监督制约村委会的经常性机构。

村庄并非一个自治的封闭系统,它还与基层政治权力具有互动关系,"一方面,乡村治理的具体运作都必须在村级党组织的领导下完成,这是由乡村治理的法律法规和党的文件规定的。另一方面,乡镇党委和政府对乡村治理具有重要影响,这是中国基层政治的要害所在"[①]。在治理实践中,各种治理主体之间表现出复杂的多元关系:一是乡镇党委与村党支部之间的领导与被领导的关系;二是乡镇政府与村民委员会的"指导与被指导"关系;三是村党支部与村委会之间的关系。在这几种不同关系的交互作用下,乡镇党委、乡镇政府、村党支部都对村委会的自治工作形成实际影响,村委会同时与这些组织发生互动,接受它们的领导或指导,这就形成了复杂的乡村治理外部结构。在乡村治理的实际过程中,内部结构与外部结构交叉重叠,共同影响着乡村治理的实际绩效。

---

① 马宝成:《乡村治理结构与治理绩效研究》,《马克思主义与现实》,2005 年第 2 期。

第四章 治理关系调试与困境：
去农业税后初期乡村治理面临的问题

去农业税后，我国农村迎来了国家政策的调整和社会的转型。这些调整与转型意味着旧的制度逐渐破除，而新的制度暂未形成。在这样一个时期，再加之现代化因素对农村社会的冲击，乡村治理状况更加复杂，对乡村治理能力提出了更高的要求。调整后初步形成的乡村治理体系在应对过程中也面临种种问题和困境。

一、乡镇治理能力弱化

税费改革的政治运作逻辑是缓和国家与农民关系，改善党和政府在乡村社会的形象。通过减轻农民负担、增加农民收入、逐步消除城乡二元体制与差距、促进社会公平等改革措施，税费改革在短时期内获得了相当的成功，提高了农民对于党和政府的政治认同感，达到了改革的初衷。但税费改革的实践后果却导致乡镇政府成为最大的改革失意者和成本承担者。在取消农业税之后，乡镇政府面临巨大的财政压力，并出此走上了精简合并的乡镇改革之路。然而，从一些地方的情况来看（尤其是财政状况较差的地方），经过精兵简政之后的乡镇机构非但不能满足新时期乡村治理需求，反而在财政压力之下成为为维持自身运转而奋斗的"维持会"，与农民的关系更为疏离。

（一）财政收入减少导致乡镇治理功能弱化

在中央与地方分税体制下，对于以农业为主的地区，农业税一直是乡镇政府财政收入的主要部分。农村税费改革乃至后来取消农业税对于中央政府财政并没有形成影响，但对于乡镇政府却造成不小的冲击。据统计，税费改革后，平均每个乡镇财政收入减少了30%~50%。[1]按照税费改革的制度设计意图，因取消农业税而减少的财政收入将通过加强政府间转移支付的方式进行弥补，以此来保证基层政府财政的公共管理和公共服务能力。这样，在取消各种农业税费以后，对于以农业收入为主的地方，基层政府的财政收入主要依赖上级各种名目的转移支付。然而，从现实数据分析来看，政府转移支付并不足以弥补乡镇政府因农村税费改革而减少的财政收入。据李芝兰、吴理财在安徽省S县的调研显示，税费改革的确导致基层政府收入锐减。与1999年相比，2000年乡村两级账面收入减少1729.99万元，减幅达20.27%。其中，乡镇政府减少545.79万元，加上以往制度外的收入，乡镇政府财政实际收入减少得更多。[2]

2002年财政部颁布了《农村税费改革中央对地方转移支付暂行办法》，根据这一规定，转移支付额的确定参照税费改革前各地区乡镇两级办学、计

---

①　徐勇、刘义强：《"湖北新政"与中国乡镇政府改革实践研究》，中国改革发展研究院编：《中国新农村建设：乡村治理与乡镇政府改革》，中国经济出版社，2006年，第355页。

②　李芝兰、吴理财：《"倒逼"还是"反倒逼"——农村税费改革前后中央与地方之间的互动》，《社会学研究》，2005年第4期。

划生育、优抚、乡村道路修建、民兵训练、村级基本经费,以及教育集资等统计数据。转移支付额的计算公式为:

某地区转移支付额=乡镇转移支付+村级转移支付+教育集资转移支付

其中,

该地区乡镇转移支付=(该地区乡村两级办学经费+该地区计划生育经费+该地区优抚经费+该地区乡村道路修建经费+该地区民兵训练费+其他统筹支出+该地区屠宰税减收+该地区农业特产税政策性减收+该地区农业税增收)×该地区转移支付系数[①]

由此可以看出,乡镇转移支付是地方转移支付的主要组成部分,而乡镇转移支付主要依据原来的"统筹"进行计算,这说明中央是根据地方改革前的乡统筹来确定转移支付数额。在税费改革前,财政部为了制定转移支付办法,要求各地政府上报"三提五统"等农民负担的实际数量,而各地政府认为这是对农民减负工作的检查,所以大部分上报的要少于实际数。而中央对地方转移支付的测算则是以这些上报数为主要依据。这是造成政府转移支付不足的一个原因。[②]

造成政府转移支付不足以弥补乡镇财政缺口的另一个原因是税费改革后县乡在财权与事权方面的调整。伴随着农村税费改革,很多地方开始将农村公共事业的管理权上移至县,实行以县为主的管理方法。例如义务教育,就其属性来说其外溢性和公共性很强,是典型的公共产品。税费改革后,农村义务教育的直接责任由过去的以乡镇为主提升到以县为主,实行"以县为主"的管理体制,绕开乡镇政府由县统一管理、发放农村教师工资等支出。此

---

① 某地区转移支付系数=(该地区农业税等四项收入占其财力比重÷全国平均农业税等四项收入占地方财力比重×权重+该地区人员经费和基本公用经费占其地方财力比重÷全国平均人员经费和基本公用经费占地方财力比重×权重)×中央财政负担系数。

② 周飞舟:《从汲取型政权到"悬浮型"政权—— 税费改革对国家与农民关系之影响》,《社会学研究》,2006 年第 3 期。

种管理办法虽然减少了资金在流转过程被挪用等不规范行为的发生,但对于乡镇政府却形成了不利影响:事权的上移一方面减少了乡镇政府财政收入,使得税费改革转移支付有相当大的一部分并没有发放到乡镇政府,而是随着事权的上移由县级政府统一支配。事权上移另一方面也弱化了乡镇政府的公共服务职能,使得税费改革之后的乡镇政府在乡村公共事务管理中的职能减少,乡镇政权存在的合法性遭受质疑。除了教育之外,对于乡镇工作人员的工资,也逐渐实行由县一级统一管理、统一发放的制度,县财政不再将乡镇工作人员的工资以支出的方式下拨到乡财政,而是直接发放到人员的工资账户里去。在这种情况下,乡镇机构日益变得像县级机构的派出机构,乡镇财政的独立性受到影响。

此外,县级政府对于税费改革转移支付的分配方案也在一定程度上削弱了乡镇的财政能力。在转移支付的分配中,县级政府不是以乡镇财力缺口进行计算,而是重新规定支出标准,从而使得乡镇政府所能接受的转移支付资金十分有限。以学者周飞舟(2006)对滨江县税费改革前后的财政收入对比数据为例,尽管 2002 年税费改革之后,农业税与上级转移支付要比取消"三提五统"所造成的缺口还多,接近 1000 万元,但按照滨江县的税费转移支付分配方案(一种对支出需求的重新测算方案)实际向下转移支付的数额为 599 万元。这样下来,县财政留下了超过 80%的税费改革转移支付。通过预算外控制与转移支付的分配方案,县级财政聚集了越来越多的象征财力,而乡镇财政的预算权力却被最小化。①

财政控制使乡镇财政陷入困境,不得不依赖于上级政府,这不仅使乡镇财政成了为维持自身运转而奋斗的"吃饭财政",更弱化了乡镇政府的公共服务职能,即便有一定的财力,但在"乡财县管"的财政体制下,乡镇提供公

---

① 周飞舟:《从汲取型政权到"悬浮型"政权—— 税费改革对国家与农民关系之影响》,《社会学研究》,2006 年第 3 期。

共产品上的独立性和灵活性仍然会受到限制。而且,在财政困境下,乡镇政府尚自顾不暇,更没有能力履行公共服务职能,出现了农村公共设施和公共产品服务投入不足的情况。"在以农业为主的地区出现了财政困难,赤字不断扩大,地方政府提供'三农'公共服务的能力有所下降,特别是2009—2011年间,地方财政农林水事务支出占地方财政支出的比重由10.5%下降到10.3%,国家财政农林水事务总支出占国家财政支出的比重保持在9%左右,而同期城市市政公用设施建设固定资产投资总额占国家财政支出的比重保持在13.4%左右。公共服务投入的差距直接扩大了城乡、地区公共服务供给的差距。在公共产品供给上,城镇供给优质、结构均衡,农村供给总量不足、质量不高。"①有些地方甚至出现了县级政府避开乡镇直接与村庄对接的情况,这更进一步弱化了乡镇职能,使得乡镇政府成为一个悬浮于村庄之上可有可无的组织。

(二)乡镇行为逻辑转变引起乡镇政府治理能力弱化

财政压力一方面导致乡镇政府进行精简改革,另一方面导致了乡镇政府行为逻辑发生转变。根据公共选择理论,组成政府的政治家和公务员都是理性经济人,他们都有自己的私利,都具有追求自身利益最大化的动机,利益关系的变化会导致其行为逻辑发生转变。农村税费改革本身就是一个涉及了中央、地方、集体、农民等多重利益的改革政策,利益关系的改变导致了各利益主体行为发生转变,其中,行为转变最为突出的是财政最受影响的乡镇政府。按照税费改革的制度设计意图,因取消农业税而减少的财政收入将通过加强政府间转移支付的方式进行弥补,以此来保证基层政府财政的公共管理和公共服务能力。这样,取消各种农业税费以后,对于以农业收入为

---

① 马晓河等:《农村改革40年:影响中国经济社会发展的五大事件》,《中国人民大学学报》,2018年第3期。

主的地方，基层政府的财政收入主要依赖上级各种名目的转移支付。这种利益关系主导下乡镇政府的行为逻辑发生转变，由过去的向农民"要钱""要粮"转变为向上级或一些企业、个人"跑钱"和借债，在这种形势下，基层政权从过去的"汲取型"变为与农民关系更为松散的"悬浮型"。[①]

在对上级财政依赖性增强的情况下，乡镇政府的行为逻辑转变为向上"跑钱"以维持自身运转。在取消农业税后，上级具有多种名目的转移支付项目，而且这些资金的分配具有一定的主观随意性。所谓向上"跑钱"，就是乡镇政府工作人员利用各种人际关系，去上级部门跑项目、拉资金，成为基层政府越来越重视的工作内容，甚至将其看作工作能力的体现，并将跑项目与官员、干部的奖金挂钩，使得跑项目成为一种风气，影响了支农资金的有效利用，结果导致最能跑的地区而不是资金最贫乏的地区获得项目。在财政压力下，乡镇政府的应对策略还出现了变卖乡镇政府固定资产或者出让固定资产承包权的情况，这种"竭泽而渔"的解决财政困境的方式反而更加重了乡镇财政"空壳化"。

解决乡镇财政困境的另一种方式就是向私人企业或者个人借债。关于乡村所借债务的用途，王佩君和谭博（2007）、李伟（2008）、马文杰和冯中朝（2004）等普遍认为，乡村债务主要用于：兴办公益事业；盲目投资兴办乡村企业；垫交税费；支付沉重的利息负担；乡村的日常运转。[②]母赛花（2013）认为，乡村债务主要包括：①公共性债务，如投入义务教育、水电路等；②政策性债务，如开办农村合作基金会、新办集体企业等；③财政体制性债务，如垫缴"三提五统"税费、借贷应付达标升级活动等；④管理性债务，如公款接待、

① 周飞舟：《从汲取型政权到"悬浮型"政权——税费改革对国家与农民关系之影响》，《社会学研究》，2006年第3期。

② 王佩君、谭博：《关于村级债务问题的调查与思考》，《农村资产管理》2007年第7期；李伟：《乡村债务的现状及其对策——以四川达县为例》，《农村经济》，2008年第2期；马文杰、冯中朝：《税费改革后的乡村债务化解问题初探》，《农村经济》，2004年第2期。

村组干部待遇等。①关于乡村债务的情况,2004 年,周飞舟调查了湖南、重庆、吉林 3 个省 6 个县共 12 个乡镇的负债情况,"湖南平均每个乡镇负债 1674 万元,重庆为 590 万元,吉林为 899 万元,12 个乡镇总平均数是 1049 万元"②。据估计,全国当时乡镇负债总额大约在 4000 亿到 6000 亿元之间。③全国哲学规划科学办公室调查显示,截至 2010 年底,东北某省 901 个乡镇,乡村负债总额 190.51 亿元,负债面 100%,平均每个乡镇负债 2114.4 万元;湖南省某县共有 33 个乡镇,负债面 100%,负债总额 52192.79 万元,平均每个乡镇负债 1581.6 万元,其中个别乡镇负债总额甚至高达 7696.45 万元。

庞大的乡村债务对乡村治理结构具有两方面的影响:一方面,农村基层政权在规模庞大的乡村债务压力下,执政能力不断弱化。财政是政府履行职能的重要物质经济基础,是政府进行社会分配、提供公共产品和服务的重要手段。基层政权组织财政债台高筑,履行政府职能的经济基础薄弱,机构本身维持自身运转尚且困难,更无法满足农村日益增长的公共服务和公共产品服务需求,公共服务需求增长与供给不足之间的矛盾日益突出,基层政权组织的执政能力出现弱化。而且在债务巨大的乡村,乡镇政府的行为逻辑发生转变,工作人员往往将很大的精力投入"跑钱"和借债,通过借新债补旧债的方式勉强维持机构运转,无力顾及农村建设与发展。另一方面,乡村债务形成财政"倒逼"效应。乡村债务在借贷来源上具有多样性的特点,乡村债务的债权方既有金融机构、上级政府、个体工商户,也包括建筑商及个人。史耀疆、杨小磊在江苏、四川、陕西、河北和吉林 5 省的调查中发现,债务来源最

---

① 母赛花:《农村税费改革后乡村债务的特点、成因及化解》,《农村经济与科技》,2013 年第 3 期。

② 周飞舟:《从汲取型政权到"悬浮型"政权——税费改革对国家与农民关系之影响》,《社会学研究》,2006 年第 3 期。

③ 周飞舟:《从汲取型政权到"悬浮型"政权——税费改革对国家与农民关系之影响》,《社会学研究》,2006 年第 3 期。

多的前四位是金融机构、村民、工矿建筑企业和上级政府，分别占到总债务的 41.05%、18.19%、15.80%和 8.29%。[①]总体而言，金融机构、个人、私有企业仍然是乡村债务的重要债权方，基层政权组织也越来越依赖于这些富有资源资金的机构、群体，这就使得乡镇政府和地方私营企业的关系变得越来越复杂，民间资本开始变成乡镇政府的"股东"，乡镇偿债风险加大，进而造成财政"倒逼"效应。"倒逼"效应的"典型的表现就是大宗债权人往往会以债权要挟乡村官员与政府，迫使其以集体利益或国家政策的扭曲执行等偿还债务，形成集体资源向少数人过度倾斜而干扰正常的乡村治理结构的建设，甚至会使乡村基层行政组织陷入瘫痪。在这一扭曲的债务债权处理过程中，极容易形成个别官员、机构同债权人之间的利益勾结问题，甚至形成一种既得利益群体，会以不同形式干扰与阻止乡村民主治理结构的建设。"[②]在此种情况下，乡镇财政越来越依赖于金融机构和民间富裕阶层的支持，基层政权运作的基础发生改变。

（三）乡镇选择性执行导致治理能力弱化

农村税费改革后，乡镇财力大大减弱，而事权却没有相应减少，在自上而下的压力型体制下，处于行政底端的乡镇政府只能以"弱者的手段"来抵抗上级政府，以维护自身利益。之所以将乡镇政府称为"弱者"，是相对于具有绝对权威的上级政府而言，借用这一概念，有关学者试图更加形象地展现当下农村基层政府或基层干部在夹缝中生存的状态及其运用的"技巧"（或"伎俩"）。这些"技巧"（"伎俩"）主要有"诉苦"、抱怨、欺瞒、变通、推诿、得过

[①]　史耀疆、杨小磊：《乡村债务现状、成因及对策——基于全国 5 省 101 个村的调查》，《江西财经大学学报》，2013 年第 1 期。

[②]　黄兴年：《乡村治理结构与债务规模膨胀的动态关系研究》，《济南大学学报》（社会科学版），2012 年第 6 期。

且过、"能捞一把就捞一把"、执行对自己有利的政策、消极对待改革、尽量减少或不向农民提供公共服务,等等。①也有学者将其称为"自主空间",②两者含义具有一定的交叉性,都是指在行政压力下,基层干部在日常工作中执行不了上级政策,故而采取"变通"措施来应对上级压力。这种应对方式首先表现为"变通"执行上级政策。例如,在不切实际的税收任务压力下,乡镇政府采取"反倒推算"的办法来尽量减少财政缺口,即"以支定收"确定当年的农业税收的任务数,通过谎报计税产量的方式来提高税收。有些乡镇政府甚至通过更极端的手法,如"买税""卖税"来完成上级定下的考核任务。

"变通"执行政策还表现为选择性完成上级任务。在目标责任制与一票否决制的压力下,基层干部行政任务的完成情况直接与其"政治前途"挂钩,在此种环境下,乡镇干部为了保住职位并获得晋升,一般都会首选完成那些纳入干部考核体系的工作,而与干部考核体系无关的工作与任务,或者上级并不重视的任务,则往往只看作一个政治口号,只有完成了考核任务之后,才会根据时间和精力完成其他任务。即以任务的轻重缓急和是否纳入评估体系为标准,选择性完成职能与任务。虽然乡镇干部的"理性选择"提高了资源利用效率,却使一些本该属于乡镇政府基本职责的工作,比如公共服务的提供反倒淡出了乡镇干部的视线。

在有限的财政条件下,减少或不向农民提供公共服务也是乡镇政府的行为选择之一。减少公共服务并不一定是乡镇政府的故意行为,而是在有限的财力下,基层政府有心无力,为了维持自身运转,只能减少向农民提供的公共服务。例如,李芝兰、吴理财在 S 县 K 镇所做的访谈中发现,农村税费改

---

① 李芝兰、吴理财:《"倒逼"还是"反倒逼"——农村税费改革前后中央与地方之间的互动》,《社会学研究》,2005 年第 4 期。

② 杨善华、宋倩:《税费改革后中西部地区乡镇政权自主空间的营造——以河北 Y 县为例》,《社会》,2008 年第 4 期。

革后乡镇财政减少，乡镇财政只能维持人员工资与民政开支，对于乡村公共事业，如水利工程等，除非真的影响到生产不了，乡镇才会出钱维修，至于乡村道路建设，则完全依赖"一事一议"制度。①变通执行或选择性执行上级政策、减少乃至不向农民提供基本的公共服务，其客观结果是导致农村公共产品缺失、基层政府运作困难，农村出现新一轮治理危机。

通过以上分析可以发现，去农业税后一段时期，乡镇政权进入职能转变和行为调适期，在这一段时期，乡镇运行体制还存在许多与其改制目标不相适应的地方，如何实现自身职能的转变，如何处理与上级政府、与社会力量以及村组干部的关系，如何在财力有限的条件下提升治理能力，都是改革进程中必须解决的问题。

二、乡村关系调试中的策略行为

农业税取消后，乡村利益共同体被打破，在此情况下，很多学者对于构建规范的乡村关系抱有很大希望。从逻辑上来讲，取消农业税后，乡镇不再需要借助村级组织完成税费征缴的政治任务，与村庄的关系从"汲取"转为服务；而村级组织在剥离税费征收的行政性任务后将有更大的精力与空间投入村级公共事务建设，逐步恢复其自治本性。这样，乡镇政府与村级组织各归其位，乡镇为村民自治组织提供指导、帮助与服务，为其实现自治所需要的制度、资源等提供条件，而村民自治组织将在乡镇的帮助与指导下实现对村庄事务的自主管理，乡村关系朝着《中华人民共和国村民委员会组织法》（1998）所规定的"指导"与"被指导"的规范方向发展。然而，实践有时不会按照制度设计的逻辑进行发展，或者这种发展的逻辑性不会在短期内显

----

① 李芝兰、吴理财：《"倒逼"还是"反倒逼"——农村税费改革前后中央与地方之间的互动》，《社会学研究》，2005年第4期。

现,而往往需要一个较长的历史时期。这使得短期内各种社会关系不断进行调整与调试。在各种关系的调整过程中,还会出现多种多样的问题或者困境,甚至会出现短时期内的关系混乱,这是一种由制度转变所带来的社会转型。农村税费改革之后的乡村关系就处于这样一个调整期,在这一调整期,既存在一些以新形式出现的旧问题,也产生了一些未曾有过的新问题。

（一）乡村之间策略化的"领导"与"被领导"关系依然存在

取消农业税虽然在一定程度上缓解了村民自治组织过度行政化的问题,使乡村关系向"指导"与"被指导"的方向有了一定的进展,但在其他行政性任务存在的条件下,在权力运行体制没有发生根本改变的情况下,村民自治组织行政化的问题依然存在,乡镇政府与村民自治组织之间的"领导"与"被领导"的关系也依然存在,只是在新的形势下,这种实质的"领导"与"被领导"关系以一种更加策略化的方式呈现出来,具体表现在以下方面:

第一,乡镇政府通过经济控制来实现对村民委员会的领导。农业税取消之后,一方面乡镇政府在财政上更加依赖于上级政府,必须完成上级下达的各项行政任务才能争取到更多的财政与资源;另一方面,农业税的取消又削弱了乡镇政府的制度性权力,出现了不利于其直接控制村民委员会的状况。在这种困境下,乡镇政府必然寻求新的方式与手段继续保持对村民委员会的影响与控制。这种新的控制方式之一就是掌管村级经济,通过"村财乡管"控制村干部的工作方向;控制方式之二就是掌管村干部的工资与福利,使之在自身利益的驱使下听从乡镇领导的安排。"村财乡管"就是在保证村集体财务的所有权、使用权和决策权不变的情况下,委托乡镇农村财务管理中心对村集体财务进行统一监督与管理。这一制度实行的初衷是为了解决农村财务混乱、村干部在财务支出方面缺乏监督的问题,避免部分村干部对村级财务的铺张浪费与乱支乱开。据统计,到 2013 年山西省吕梁市全市 13 个县

(市、区)已全部实行"村财乡管"。①通过实践运行，"村财乡管"在一定程度上达到了制度的初衷，但在现实运行中却成为乡镇政府控制村民委员会的重要手段，既不利于调动村干部的积极性，也容易产生"村财乡用"的情况。例如很多村干部认为，"本来是村集体的钱，其支配权理应由本村的干部负责，凭什么要交给乡政府管？于是村干部想方设法地坐收坐支、隐瞒或推迟村集体的收入，把资金自己先用了再说，结果交给乡经管站或委派会计的只是大把大把的条子，致使'村财乡管'变成了'村账乡记'"②。而且，在"村财乡管"管理方式下，村财容易被乡级政府挪用，甚至容易被一些乡政府腐败分子非法侵占。这些问题都容易形成紧张的乡村关系，影响基层社会稳定。

第二，乡镇政府通过策略地干预村民选举，使更"听话"的人员当选村干部，以实现对村委会成员的实际领导。关于乡镇政府干预村民选举的问题，乡镇政府通过表彰、排挤、打压等较为隐性的方式支持"中意"的村干部候选人当选，或者迫使"不中意"的村干部自动离职。通过这种不当干预，乡镇往往能够在村委会中安插与自己关系更为"亲密"或者与自己意见和利益相一致的人员，从而保证对村委会的领导。这既不利于发挥村民自治的性质，也容易导致村干部为乡镇利益服务，而忽视村庄内居民的需求。

第三，乡镇领导通过感情运作实现对村干部的实际领导。有的学者指出，在取消农业税后，乡村之间的共同利益关系不再存在，但是在新农村建设过程中，相关政策又必须执行下去，在不能以利益相联系的情况下，乡村关系出现新的运行逻辑，乡镇干部更多地通过与村级干部"拉感情"的形式拉拢村级干部，使他们具体落实各项发展政策。具体的感情拉拢策略包括：沟通交流、请客吃饭、红白喜事的人情来往，以及帮助村干部解决一些后顾

---

① 杨亚琴：《"村财乡管"的实践与思考》，《山西财税》，2013 年第 12 期。
② 王学民：《"村财乡管"：乡镇行政权利的违法扩张》，《村委主任》，2011 年第 5 期。

之忧等等。①在乡镇领导与村级干部之间建立了较为亲密的感情与关系之后,村级干部对于来自乡镇领导布置的任务大多愿意协助完成。在政策推行中遇到来自村民的阻力时,村干部也会主动出面做村民的思想工作。这样,通过感情运作,乡镇政府保持了对村级干部的实际领导权。

(二)乡村干部之间的"互利性合作"

所谓"互利性合作",其实质也是一种基于感情运作的乡村关系,只不过乡村之间感情的培养方式出现异化。一般而言,乡镇领导与村级干部之间都是通过正常的人情往来培养感情,属于两者之间的私人关系,不会对其他村民形成影响。而"互利性合作"则指两者通过互相提供利益来增进所谓的"人情"与"感情",在两者中任何一方获利的同时往往会导致其他村民的利益受损。这种"互利性合作"通过以公权私用的方式谋取私利,乡村"感情"的培养是以损害国家利益与村民利益为代价的。这种方式与税费征缴时代乡村利益共同体的区别就是,在"互利性合作"下,村干部一般不只是为了自己谋利益,更多的是为自己的家族、朋友等谋取私利,而乡镇领导人员的动机并不在于获得自身的经济利益,而是为了更好地得到村级干部在工作中的支持与帮助。

三、基层党组织功能弱化

农村基层党组织作为党在农村社会的基层组织,其职能主要在于实现对农村社会的领导,夯实党在农村社会的执政基础。其作用发挥主要取决于两个方面:一是中国共产党在农村中的合法性权威,从法律、制度规定等方

---

① 陈柏峰:《从利益运作到感情运作:新农村建设时代的乡村关系》,《开发研究》,2007 年第4期。

面对农村党组织的地位、作用的界定。这是党在农村实现领导的政治基础，也是党领导农村工作、发挥党组织作用的前提；二是基层党组织的运行机制，主要包括农村基层党组织的机构设置、功能职责、干部选拔与组织建设等，这是农村基层党组织发挥功能的制度性保障，运行体制的完善程度是决定党组织在农村治理成效的关键因素。农村税费改革推行后，村民委员会渐渐实现职能回归，加之村民民主选举制度的广泛推行，基层党组织在农村的管理职能受到挑战。而另一方面，因税费改革而减弱的财力状况又导致党组织运行无力，这些因素都影响了基层党组织的政治功能和组织功能。

首先，村民委员会公共管理职能回归取代了党组织的一些管理职能。作为一场农村政治革命，自20世纪90年代实行以来，村民自治制度为广大农民带来了民主和自治权利，却在某种程度上对基层党组织的权威形成冲击。在税费征缴时代，为了保证国家对于农村剩余农产品的汲取能力，村民自治组织会长期处于乡镇政府与基层党组织的控制下，因承担过多的行政任务而无暇顾及村庄公共事务，村级党支部成为实际的管理者。取消农业税后，村民委员会在一定程度上摆脱了行政任务的束缚，从而有了更多的时间和精力来管理村内公共事务，逐渐向村庄公共事业管理的职能回归，在一定程度上弱化了基层党组织在农村的管理功能。《中华人民共和国村民委员会组织法》(1998)与《中国共产党农村基层组织工作条例》(1999)明确规定，村委会与村党支部实行分工管理，然而由于规定的模糊性使得村党支部的管理职能难以真正发挥。《中国共产党农村基层组织工作条例》(1999)第九条规定，村党支部的主要职责包括本村经济建设和社会发展中重要问题的讨论与决策。但不得干预应当由村民委员会、村民大会或集体经济组织决定的事情。这一规定对于何为重要问题、如何判断需由村委会、村民会议等决定的事项都没有做较为具体的规定。在面对较为强势的村民委员会时，这一模糊的规定显然不会使村支部对村委会具有实质性的制约。同时，第九条规定村党支部具有教育、管理和监督村、组干部和村办企业管理人员的职能。然而却没有赋予保障这一职能实现的具体手段和权力，因而难以达到监督与管理的目的和效果,村支部的监督管理职能难以有效保障。村民委员会自治功能的加强导致了基层党组织功能的弱化。过去由基层党组织承担的治理职能,有相当一部分被明确赋予了村民自治组织,这也导致基层党组织在乡村社会的重要性有所下降。

其次,村民民主理念的提高在一定程度上对基层党组织的领导权威形成挑战。取消农业税后,村民自治的自治性增强,村民选举制度和一事一议制度从广度和深度上都获得了较大发展,通过民主选举与民主决议,民主意识悄悄地渗透到村民的思想观念中，这对基层党组织的领导合法性形成了挑战。虽然按照《中国共产党农村基层组织工作条例》(1999)与《中华人民共和国村民委员会组织法》(1998)的规定,基层党组织在农村基层组织中发挥领导核心作用,然而在现实践中,基层党组织的领导核心地位却在以民主选举为核心的乡村民主治理过程中遭受挑战。在一些村民自治意识较强的地方,由于村民直选产生的村委会"得到了大部分村民的支持和拥护,在村级权力结构中具有很强的民选的合法性基础"①,村民更倾向于接受村民委员会的领导。而由几十个甚至几个党员在党组织内选举产生的村支书的领导地位的权威性受到村民的质疑。这样,一方面,村委会的权威性实际上高过了村党支部,自然不愿接受村党支部的领导;另一方面,村委会向村民大会负责,村民大会具有撤销村干部的权力,但由于没有赋予村党支部召开村民代表大会的权力,村党支部缺乏实际领导村委会的有效手段,这也会导致党组织对村委会的领导无从实现。

最后,财政困境导致基层党组织职能弱化。农村税费改革对于基层党组

---

① 任云:《重塑农村基层党组织的权威》,《甘肃农业》,2005 年第 8 期。

织运行的影响,大致可以用"两个减少、一个流失、一个减弱"进行概括,"两个减少",指基层党组织的人员数量减少、活动经费减少;"一个流失",是指基层党组织中的精英党员有所流失;"一个减弱",是指基层党组织功能的减弱。农村的基层党组织的日常运行费用均由乡统筹和村提留承担,随着税费改革在全国范围内的全面启动,取消了乡统筹,实行公共事业"一事一议"制度,基层党组织失去了稳定的收入来源。一方面,为了节省开支,县乡政府着手精简村级组织,由此导致农村基层党组织工作人员的数量大大缩减;另一方面,由于收入的减少,很多具有较强能力的党员干部纷纷辞职,加剧了村干部群体的分化,加上很多地方不重视组织建设,农村干部队伍老化,文化水平普遍偏低, 这些使得基层党组织功能弱化。中共安徽省委党校课题组2009 年所做的调查显示,农村党员队伍年龄老化、文化程度偏低的状况比较严重,"在调查的 28428 名农村党员中,60 岁以上的 7811 名,占 27.4%,35 岁以下的党员 5743 名,占 20.2%;初中以下文化的 21263 名,占 74.8%,而大专以上文化的仅 1689 名,占 6%"[1]。年龄偏大、文化程度偏低,管理能力和带动村民致富的能力相对较弱,很难适应税费改革后建设新农村的需要。

四、村民自治成效不足

(一)民主选举成效不高

根据新华网公布的"2012 年中国人权事业的进展",截至 2012 年底,全国绝大多数省份已开展了 8 至 9 轮村委会换届选举工作。全国 98% 以上的村委会实行了直接选举,村民平均参选率达到 95%。[2]在国家推动下,虽然大

---

① 中共安徽省委党校课题组:《新农村建设中农村基层党组织功能实现的障碍性因素分析》,《长白学刊》,2009 年第 6 期。

② 中华人民共和国国务院新闻办公室编:《2012 年中国人权事业的进展》,人民出版社,2013 年。

部分地区的村委会选举工作都能够依法按时举行，但在选举过程中乡镇政府的不当干预、选举程序不够规范、宗族势力影响、村民的体制外参与及贿选，等等，都影响了农村基层民主选举的成效，也使得选举的真实性受到农民的质疑。任中平在对四川省 19 个地级市（自治州）的农村进行调查后发现，在 841 份有效调查问卷中，43.5%的村民认为选举是走形式，而认为选举不是走形式的只占调查对象总数的 17.1%，可见超过半数的村民都对选举的真实性持怀疑态度。①虽然这只是基于四川省的一份调查报告，却可以管中窥豹。

影响村民选举成效的因素十分复杂，由于地区的差异性并不能一概而论，但通过实践观察和文献梳理可以归纳为以下方面：

首先，乡镇政府的不当干预影响民主选举成效。农村税费改革后，乡镇机构在财政压力增大的情况下仍然承担着诸多行政任务，在这一背景下，乡镇组织的行为逻辑主要向两方面转变：一方面为了解决财政困境，乡镇的行为逻辑从农村"要钱"转向了向上"跑钱"与借债；一方面为了保证政策与治理职能的执行与落实，乡镇政权仍需在一定程度上保持与村级干部的"亲密"关系。为此，乡镇政权在村干部人选上具有两方面倾向：一是倾向于"上面"有关系的村干部候选人当选，这样可以通过其关系从"上面"跑到更多项目；二是倾向于与乡镇干部具有较好人际关系或者更"听话"的村干部候选人当选，这样更有利于将乡镇的意志在农村执行下去。这正是乡镇政府干预农村基层民主选举工作的内在动机。乡镇政权干预农村基层选举的方式非常复杂，既有表现比较明显的直接干预，也有表现较为隐性的间接干预。

大致来讲，主要表现为以下三种形式：一是对村民选举工作提出指导意见，比如在选举过程中候选人资格的确定，以及确定正式候选人等环节进行

---

① 任中平：《当前村民自治面临的困境、归因与出路——后税费时代四川省部分农村村民自治状况的调查报告》，《软科学》，2007 年第 6 期。

干预,这是一种比较直接的干预方式,在实行直选与海选、差额选举之后,此种干预方式逐渐减少,转而变为间接的干预形式;二是在选举大会上对某村干部的工作进行肯定或表扬,或者在村干部或者村庄有影响力的人面前表明自己的立场,通过他们影响选举工作;三是对于不满意的人当选村主任,乡镇党委可以做村庄党员的工作,使其不能当选村支书,由乡镇另外选定村支书对村主任权力进行牵制,等等。这些行为都会干扰村庄选举的民主性和公正性。当选举过程流于形式时,必然会使农民产生"假民主""假选举"的认知,进而影响农民政治参与的积极性。

其次,选举程序不规范影响选举实效。程序公正并不一定导致结果的公正,但程序不公正必然会造成结果不公正。民主选举的程序十分复杂,具体到村民选举主要包括以下程序(见图4-1):

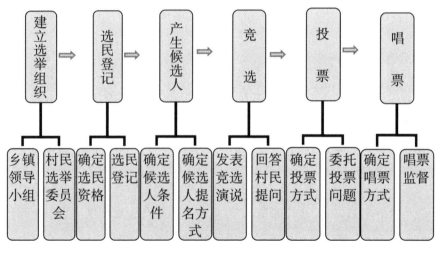

图4-1　村民选举程序图

村民选举程序的复杂性使得选举过程很容易出现不规范操作,从而影响村民选举的实际成效。由于程序较为繁杂,这里仅对相对问题较多的方面进行分析:第一,村民选举中的竞选策略影响选举结果。候选人之间的合作策略即竞选者根据各自的优势与劣势,通过协商确定彼此竞选职位以达到双赢的目的。具体事例如,2002 年郎友兴在浙江省缙云县五云镇东门村所做的调查中发现,在村委会换届选举时,竞选者李福鼎最初竞选的是村委会副主任职位,但一位竞争副主任的候选人怕李富鼎参加副主任竞选,他自己就没有把握了。经过协商,李被推选为村主任候选人。[1]这说明当时的乡村政治中已经具有了合作策略。第二,拉票策略。所获票数的多少最终决定候选人能否当选,为此,拉票就成为候选人竞选过程中的重要环节。在具体的拉票过程中同样存在一些策略,例如着重抓中间流动票,以承诺当选后对其有利的政策等方式争取没有具体政治倾向的中间选民。又例如在村庄中争取具有权威与影响力的选民的支持,通过他们去说服和带动其他村民。比如浙江省缙云县五云镇建设村主任樊俊杰的竞争策略为:①争取老人群体(60 多岁)中的主要人物:控制代表人物,也就有了这年龄层的基本票源。②争取40~60 岁的主要人物。③年轻人就不必花太多精力了,有以上中老两组年龄层的票源就可以了。④妇女。成立一个不公开的竞选队伍(10 人左右),预备几万元选举经费,请客吃饭,不送钱,这样并不违反选举法。[2]第三,投票方式的违规操作。村民选举中的投票方式包括建立投票中心会场,通过村民大会进行投票、投票站、流动票箱,以及村干部包办投票等,这些方式虽然都受到国家相关规定的限制,但在具体操作中仍然存在一些漏洞,如在投票大会上将与自己关系好的人布置在大会中拉动中间选民一起填票, 或者在流动票箱方式下,以"自己人"充当监票人等,这些方式都在一定程度上影响了村民选举的公正性,其选举结果遭受村民质疑,据《东方早报》的报道,在有些地方甚至出现了村民因认为选举程序违规而"砸票箱"的事件。

---

① 郎友兴:《村民选举中的竞选策略——浙江经验之研究》,《华中师范大学学报》(人文社会科学版),2005 年第 4 期。

② 郎友兴:《村民选举中的竞选策略——浙江经验之研究》,《华中师范大学学报》(人文社会科学版),2005 年第 4 期。

　　此外，宗族、家族思想对村民选举具有较为明显的影响作用。宗族和家族都是在家庭的基础上产生的，以血缘或较近血缘、姻亲关系构成的家庭集合体。在传统乡村社会，宗族或家族对村庄具有行为规范和精神凝聚的作用。而在现代，宗族家族的功能主要在于增强利益争夺中的博弈能力，这也是宗族家族观念在某种程度上得以复兴的主要原因。由于权力与利益的"近亲"关系，要获取利益，首先需要获得支配资源分配的权力，为此，在宗族与家族观念浓厚的乡村，村民自治的各个环节和程序，包括民主选举、民主决策、民主管理、民主监督，常常受其干扰，村庄贿选问题、搅乱选举秩序问题、公权私用问题，以及村庄公共权力近亲繁殖等问题都有不同程度的体现，宗族家族文化网络成为阻碍村民自治实现的重要因素。欧阳爱权在浙江省乐清市虹桥镇 X 村的调查显示，在基层村干部选举中，44.3%的村民更倾向于优先选举亲戚朋友。[1]2005 年肖唐镖、王欣在对江西、山西的调查中发现，509位选民承认候选人中有本族人，在这些选民中有76.4%的选民明确承认投了本族候选人的票，这一比例相比 2002 年提高了12.7%。[2]这在一定程度上说明了亲情、家族、宗族观念在村民思想中仍然占据很重要的地位，也由此主导着村民选举的行为逻辑。

　　在公共伦理和民主权利观念尚未深入人心，更未能内化为村民行为的原则标准的情况下，长期存在的基于自然血缘关系形成的宗族与家族认同观念就会主导村民的行为。虽然从短期来看，这对于维护稳定的村庄秩序具有一定的意义，然而从逻辑上讲，以血亲关系为交往标准的宗族和家族观念显然与村民自治强调的个人权利为本位、民主平等为原则的现代理念相违

---

　　① 　欧阳爱权：《"权力的文化网络"视域中农村社区治理逻辑研究》，《湖北行政学院学报》，2011年第 5 期。

　　② 　肖唐镖、王欣：《农村村民选举质量及其影响因素的变化——对 4 省市 68 个村选举的跟踪观察和研究》，《北京行政学院学报》，2009 年第 3 期。

背。从这种角度来看,宗族与家族观念使得乡村治理成本增加,成为阻碍现代乡村治理逻辑产生与发展的重要因素。

(二)村民大会流于形式 民主决策与民主监督不能发挥实效

村民自治作为一种国家建构性制度安排,在中央的推动下,以政治任务的形式获得了推行,总体上获得了发展,但从村民自治的具体过程来看,除了民主选举面临种种问题之外,民主决策、民主管理和民主监督的环节也面临一些问题。作为我国基层民主制度的一项重要内容,村民自治是以村民选举为基础,通过民主选举、民主决策、民主管理和民主监督(也被称为"四个民主")的运行程序,保障村民行使民主权利参与农村社区政治运作,体现了以程序保障民主的原则。其中,"民主选举规定农村基层公共权力来源于全体村民,民主决策、民主管理和民主监督则体现村民对村庄公共权力的行使、制约与监督,因此而形成了'选什么人、怎样选人、选出来的人怎样做事、做的结果如何让村民知道、参与、决定和评价'这样一个既独立又相互联系的完整整体。"[1]"四个民主"只有协调发展,相互促进,才能充分保障村民政治权利的实现。但从农村基层民主运行的实践来看,民主决策与民主监督存在流于形式的情况,主要表现为村民大会或者村民代表会议以及村务公开流于形式,导致村民自治效果不尽理想。杨原、刘玉侠对温州市 10 个村庄进行调查研究发现,在涉及村民利益的重大事项决策和管理中,有半数以上村民不知道决策和管理的过程,而知道决策和管理过程的人中,有半数以上的人认为是村干部自己决定的。[2]村民只有选举投票权,选举后没有决策参与

---

① 王其迈:《制度建构与创新:新农村建设中村民自治均衡发展研究》,《社科纵横》,2009 年第 7 期。

② 杨原、刘玉侠:《温州市农村基层民主建设中的"四个民主"问题探析—— 基于十村的调查研究》,《温州大学学报(社会科学版)》,2011 年第 5 期。

权,也没有监督权利,就谈不上维护自己的权益。①在村务公开方面,公开的内容、时间和形式非常随意,公开内容不够详细,尤其是财务公开,甚至不能反映出村级财务的基本收入支出情况,甚至还有些村在村务公开中搞选择式公开和形象工程式公开,或半公开和假公开。

相较于民主选举,民主管理与民主监督发展较为缓慢,原因主要在于:村民选举更具有利益驱动性与可操作性。在"熟人社会""半熟人社会"的村庄,对于村民而言,投票选举要比去质问村干部村务公开情况更容易做到。出于利益考虑,如果能够选出与自家存在亲缘关系或姻亲关系的人担任村干部,就更有可能实现家族利益或者私人利益。而村务公开内容是否属实,除非涉及自家利益,否则对于某一个村民来说,这是一件无关痛痒的事情,如果去质问村干部村务公开情况,反而会"得罪人"。另一个原因就是《中华人民共和国村民委员会组织法》(1998,以下简称《村委会组织法》)。的个别规定不尽完善。按照《村委会组织法》规定,村委会对村民大会负责并报告工作、受其监督,村民通过村民会议或者村民代表会议参与民主管理和民主决策。《村委会组织法》将村民会议的召集权授予了村民委员会,而对于召集时间和频率却没有作出具体规定,这就给村委会提供了回避村民参与的制度空间。作为村级权力组织,村民大会对村委会具有监督作用,具有撤销或者变更村民委员会不适当决定的权力。为此,从制度设计的根源来看,村民大会是一种保证乡村治理和村民利益得以实现的"纠错机制"。但是在具体的乡村治理实践中,村民代表大会流于形式的现象较为严重。据一项在南京、盐城及宿迁对村民自治组织发展状况的调查显示,在"2009 年召开过几次村民代表会议"这一问题中,有 81.2%的被访村民表示不清楚,仅有 14.6%的表

---

① 谭青山:《村级选举后的治理困境与对策》,《华中师范大学学报》(人文社会科学版),2011 年第 1 期。

示召开过两次。①任中平在四川部分农村的调查结果也显示:有 67.1% 的村民认为有时公开或很少公开,18.7% 的村民认为从不公开,只有 14.2% 的村民认为所在村庄能够做到一贯按时公开。对于村民会议或村民代表会议,28.3% 的人表示所在村庄每年至少召开一次村民会议或村民代表会议,13.2% 的说以前开过,而 36.2% 的表示很少召开,22.3% 的人表示不清楚此事。②可见,多数村庄的民主管理与民主监督状况并不理想。村民代表大会流于形式使得村两委和村干部独断专行甚至贪污腐败具有了可能性。

"四个民主"互为基础、相互促进,只有作为一个完整的农村基层民主政治体系,才能充分维护村民的物质利益和政治权利,偏颇任何一方都会导致其他民主程序的失效。只有选举,而无监督,只能改变权力产生的方式,而没有改变权力的使用方式,村民在村务管理中的主体地位在实践中不能得到有效保障,也就无法实现以民主程序实现民主价值的初衷。

(三)村民的政治参与积极性不高

村民自治的本质是村民实现自我教育与自我管理,只有村民广泛参与民主选举、民主管理和民主监督等过程,才能实现自治的本质。然而,从村民自治成效来看,村民的政治参与积极性并不高。首先,参与民主选举的积极性不高。参与民主选举的积极性可以表现在争取选举权、主动监督选举、对选举工作提出意见与建议等多方面。有学者在江西、山西、上海、重庆部分农村对以上诸方面进行了调查发现,除去个别地区村民在自发参与监督选举方面的比例较高外,在争取选举权、对选举工作提出意见等方面,村民的参

---

① 于水、陈春:《乡村治理结构中的村民自治组织:冲突、困顿与对策——以江苏若干行政村为例》,《农村经济》,2011 年第 9 期。

② 任中平:《当前村民自治面临的困境、归因与出路——后税费时代四川省部分农村村民自治状况的调查报告》,《软科学》,2007 年第 6 期。

与积极性普遍不高,基本维持在 10%~20%。[①]2006 年任中平在四川省部分农村地区对村干部进行调查发现,29.4%的村干部认为村民选举最令人担心的问题就是选民投票率低。[②]这也说明了村民参与民主选举的情况并不乐观。村民对选举表现出冷漠态度具有多方面原因。亨廷顿认为,"对大多数人来说,政治参与只是实现其他目的的手段"。[③]这些目的可以包括增加经济利益、提高社会地位、实现合法权益等,其中经济利益是促使政治参与的重要内在动力,在村庄集体经济状况一般的村庄,村干部的收入甚至比普通村民外出打工的收入还要低,村民参加竞选的积极性自然不高,更不能吸引优秀人才。而且在农村税费改革之后,国家与农民直接对接,各种惠农补贴都是直接发到村民的个人账户,村干部不直接掌握村民相关利益,村集体也没有什么资源值得关注,村委会也不能帮助村民解决什么实际问题,村民普遍认为谁当村干部对其利益影响并不大,所以对于选举并不积极。

其次,在民主管理、民主决策、民主监督方面,村民同样表现出较低的参与性。村民大会流于形式、村务半公开甚至不公开等都使得村民既没有途径实现民主决策与民主监督,也在村民心中形成了"形式化"的印象,进一步造成不积极参与的恶性循环。而"一事一议"都需要村民自己出钱,存在"议难决、决难行"等诸多问题,很多事情由于形不成一致意见而办不成,这就使村民觉得村民自治没有多大意思,从而导致参与的积极性不高。从宏观上来讲,农村经济发展水平较低、城镇化进程加快导致的村庄精英流失,以及村民整体素质偏低等都是制约村民政治参与水平的重要因素。

---

① 肖唐镖、王欣:《中国农民政治信任的变迁——对五省份 60 个村的跟踪研究 (1999~2008)》,《管理世界》,2010 年第 9 期。

② 任中平:《村干部视域中的村民自治:成效、问题与思考——四川省部分农村村干部关于村民自治评价的调查报告》,《天府新论》,2008 年第 3 期。

③ [美]塞缪尔·亨廷顿、琼·纳尔逊:《难以抉择——发展中国家的政治参与》,汪晓寿等译,华夏出版社,1989 年,第 56 页。

（四）农村两委交叉任职问题重重

农村两委交叉任职虽然具有一定的现实意义,例如减少财政支出,有利于巩固税费改革成果，减少因个人冲突而形成的摩擦与低效，提高办事效率,维护组织团结等等,但这种以人事重合来解决"两委"冲突的做法仍有一定的局限性：

首先,"两委冲突"内化为村干部的角色冲突。从农村"两委"冲突的表现形式来看,冲突主要表现在三个方面:一是个人间的冲突,即村支部与村委会成员在共同管理村庄公共事务的过程中,由于脾气、性格、工作方式方法等方面的差异而引起的一些摩擦和冲突;二是组织间的冲突,即村支部与村委会在管理村庄事务过程中，由于相关的法律制度对两者的职权范围和相互间关系缺乏明确区分而引起的冲突;三是权力间的冲突,即作为中国共产党对国家的政治领导权力在村庄的延伸的村支部与来自村民直接选举产生的村委会由于权力性质不同而引起的冲突。①三种冲突共同决定了农村两委之间的结构与关系。农村两委交叉任职以人事重合来解决"两委"冲突,将间接的人事控制转变为直接的人事重合,这对于解决个人间的冲突是有效的,但对于化解组织间的冲突以及权力间冲突则无能为力。村委会与村支部交叉任职并不能解决组织间的冲突,但通过两个组织人事重合的方式使得组织间的冲突内化为个人角色的冲突。实行"一肩挑"的干部同时扮演政府代理人与村民当家人的双重角色,既要贯彻党和政府的决策、政策,又要代表村民利益,虽然党和政府的利益与村民利益从根本上来说是一致的,但在具体的时间和空间中也会产生一些冲突，从而使得双重身份的村干部陷入左

---

① 徐增阳、仟宝玉:《"一肩挑"真能解决"两委"冲突吗——村支部与村委会冲突的三种类型及解决思路》,《中国农村观察》,2002 年第 1 期。

右为难的困境。为此,交叉任职并没有解决两委组织之间的冲突,只是以人事重合的方式内化为村干部的双重角色冲突。交叉任职同样没有解决权力间的冲突,村支部与村委会冲突的本质 "是国家行政权力与自治权力的冲突,是全局利益与局部利益的冲突,是村庄资源不足以满足两种需要的外在表现。这种矛盾和冲突在村庄内部是无法解决的。只要这些矛盾和冲突存在,'两委'冲突就是不可避免的,也是'一肩挑'所不能解决的"[①]。

其次,权力相对集中容易导致滥用。按照权力运行理论,权力掌握在一部分人手里很容易流于专断,"一切有权力的人都容易滥用权力,这是万古不变的一条经验"[②]。要防止权力滥用必须对权力进行监督与制约,而以权力约束权力是防止权力滥用的有效方式。在乡村两委关系中,村主任与村支书由两人分别担任,虽然在执行政策过程中会产生一些冲突与摩擦,但正是通过权力之间的相互牵制达到互相监督的目的,从而保障权力为公所用。实行村主任与村书记交叉任职,虽然减少了摩擦,但也因此失去了权力对权力的监督与制约:虽然在权力之外还存在村民的监督权利,但在村务未能做到真正完全公开的情况下,这一方式的监督效果并不理想,仍然需要通过权力制约权力的方式加以实现。当然,仅仅依靠农村两委之间的互相牵制、依靠村干部之间的相互监督避免权力滥用并不可靠。村民民主不只体现为村民选举时的授权,更体现在村民对于村级事务的日常参与,只有广大村民能够积极关心村级事务,真正实现村民自治,而不是村干部之治,才能保证基层民主制度发挥实效,实现对村干部的监督与制约作用。为此,必须从制度上完善民主监督体系,通过倡导村务议事制度与村务公开制度,把村级重大事务的决策权交给群众,以此防止交叉任职的村干部损害村民利益。此外,要保

---

① 徐勇:《村干部的双重角色:代理人与当家人》,《二十一世纪》,2002 年第 7 期。

② [法]孟德斯鸠:《论法的精神》(上卷),许明龙译,商务印书馆,2010 年,第 166 页。

证群众对村干部的监督必须赋予群众对于村干部民主评议的权利，民主不仅仅体现为选举的过程，还体现为选举之后的监督与制约，以此保证村干部真正为群众办实事、办好事，提高工作满意度。

第五章　价值与制度的选择：
去农业税后乡村治理困境探究

具体历史情境中的改革、政策往往反映出当时国家的价值之选，以及推动和落实改革发展任务所依赖的政治制度、经济制度和社会制度等。农村税费改革既是一项事关财政的经济改革，也是一项夯实党在农村执政根基的政治改革，更是一项渗透和影响农村社会方方面面的社会改革。透过农村税费改革及其带来的乡村治理变革，可以发现当时我国在推动农村发展中的价值理念、路径选择，以及改革背后所牵扯的经济利益关系、权力运行方式、乡土人情等多重因素影响。

一、乡镇治理能力：去农业税后基层财政的困境

（一）在分税制下的乡级财政

在 20 世纪 90 年代有一项极为重要的财政体制改革，即从"分灶吃饭"的分级包干财政体制进一步迈向"分税制"。分税制财政管理体制是指，将国家的全部税种在中央与地方之间及地方各级之间，按照税种特点与各级需

求划分为中央税、地方税和共享税,明确各自征收的范围和管理权限,以实现事权与财权相统一的财政管理体制。通过税收划分,中央与地方形成两种收支体系,各自在财政方面自收自支、自求平衡。实行分税制财政管理体制的目的是使各级政府具备与其事权相称的财力。然而,"这项在既有的支配性府际关系中进行的财政体制变革最后导致这样一个后果:一方面是自下而上逐层抽取财税资源,另一方面是自上而下逐级下移事权(即"甩包袱"),即财政收入越来越多地集中到高层政府,支出却呈现出相反的趋势,以致人们形象地说,'中央财政喜气洋洋,省市财政勉勉强强,县级财政拆东墙补西墙,乡镇财政哭爹叫娘'"①。

1994 年,我国分税制改革后,农业税被划分为地方政府的财政收入,在各地的实践中,农业税基本属于县乡政府的收入。从宏观经济总量来看,农业税在国家财政收入的比重很小,2004 年国家财政收入中农业各税为902.19 亿元,只占当年国家各种税收收入的 3.73%②,为此,税费改革不会大幅度减少国家财政。而对于中部地区的大部分县乡政府而言,农业税收在本级收入中是主要的税种,在 2001 年占到了县乡两级收入的 15%左右,2003年农业四税所占中央、省级、地市级、县级、乡镇财政收入的比例分别是 0、0.81%、2.75%、5.84%、30.47%。③为此,取消农业税对县级以上的政府几乎没有影响,但对于乡镇财政却形成巨大冲击。在巨大的财政压力下,为了维持自身运转,乡镇政府的行为逻辑转为"跑钱"与借债,并由此形成了严重的乡镇债务危机。乡镇政府财政支出不仅用以维持政府机构的基本运转,还用于农村的教育、卫生、道路、水利等公共事业。税费改革以及取消农业税,意味着基层政府体制外收入没有了来源,无论是自身运转还是公共服务职能,都

---

① 吴理财等:《新世纪以来中国农村基层财政治理机制及其改革》,《求实》,2015 年第 7 期。

② 《中国财政年鉴(2005)》,中国财政杂志社,2005 年,第 340 页。

③ 李永忠:《取消农业税对乡镇财政的影响与现实出路》,《湖北社会科学》,2008 年第 2 期。

必须完全依赖上级下拨和各种名目的转移支付,在转移支付资金不足以弥补财政缺口的情况下,乡镇政府自身运转尚存在困难,其治理能力必然受到限制。

此后,为理顺基层财政体制,增强基层政府保障能力,我国推动省直管县和"乡财县管"财政管理方式改革。截至 2010 年底,全国 27 个省份 970 个县实行了省直管县财政管理方式改革,2.86 万个乡镇实行了"乡财县管"。逐步推行"村财乡管村用",不断提高基层财力保障水平。2005 年为进一步缓解县乡财政困难,中央财政实施了"三奖一补"政策,对财政困难的县乡增加税收收入和省市政府增加对财政困难县财力性转移支付、县乡政府精简机构人员、产粮(油)大县给予奖励,对以前缓解县乡财政困难工作做得好的地区给予补助。2009 年之后,为促进县乡财政 "保工资、保运转、保民生",中央财政建立了县级基本财力保障机制,保障了基层政府实施公共管理、提供公共服务、落实各项民生政策的基本财力需要。[1]

(二)政府转移支付不能弥补乡级财政缺口

按照税费改革的制度设计初衷,通过加强政府间转移支付替代原来对农民收取的税费,以此来保障基层政府财政提供公共管理和公共服务。这样,取消各种农业税费以后,基层政府的财政收入主要依赖于上级各种名目的转移支付。但实际上,这些转移支付并不能满足基层政府为农村提供公共服务的财政需求。据统计,2006 年我国全面取消农业税后财政收入减少了近千亿元,其中中央政府承担的有 600 多亿元,如果财政支出与往年持平,这就意味着还有 400 亿元的财政缺口需要乡镇政府自行解决。[2]这对于以农业收入为主的地区来说,必然会形成巨大的财政缺口。政府转移支付之所以不

---

① 谢旭人:《功在当代 利在千秋——纪念农村税费改革十周年》,《中国财政》,2011 年第 6 期。
② 李永忠:《取消农业税对乡镇财政的影响与现实出路》,《湖北社会科学》,2008 年第 2 期。

能弥补乡镇财政缺口,主要是因为:

首先,宏观上我国用于"三农"的财政投入水平一直较低。按照《中华人民共和国农业法》的规定,中央和县级以上地方财政每年对农业的总投入的增长幅度应当高于其财政经常性收入的增长幅度。通过翻阅《中国农村统计年鉴 2012》、中华人民共和国统计局、《中国财政年鉴 2012》有关"国家财政用于农业的支出及比重(2000—2011 年)"数据可以发现,2000—2010 年国家财政收入增长速度均在 10% 以上,某些年份甚至超过了 30%,而 2000—2006 年国家财政支农支出占总支出的平均比重为 7.58%,到 2007 年后比重才提高到 8% 以上。说明我国当时的财政支农资金总量仍然偏少。

其次,政府财政转移支付制度在弥补乡镇财政缺口,尤其是对贫困地区的财政缺口仍存在难度。政府转移支付大体可分为一般性转移支付和专项转移支付两类,这两种方式在弥补乡镇财政缺口时都存在一定的不足。一般性转移支付主要采取税收返还和过渡时期转移支付的方式,其中税收返还是地方财政收入的重要来源,但中国的税收返还以维护地方既得利益的基数法进行分配,返还额根据地方上缴税收水平确定,财政收入多的乡镇政府所获得的税收返还额就多,而财政收入少的乡镇政府所获得的税收返还额相应地较少。这种分配方式体现了对收入能力较强地区的倾斜原则,维护了较富裕地区的既得利益,但并未达到平衡及缩小地区间差异的目的,对于财政收入能力较差的地区,其财政状况未能得到改善,难以挤出资金用于供给农村公共产品。过渡时期转移支付数额一般根据受转移支付地方预算内支出中可用于农村基础设施等公共产品供给的比例估计,无法精确计算,也难以在总量上得到有效保障。相对于一般性转移支付,专项转移支付量小面窄,一次性或临时性的居多,难以从根本上解决县乡财政困境和农村公共产品供给不足和效率低下的问题。而且中央和省级政府在拨付专项资金时,一般要求筹集相应的配套资金,这使得相对贫困的乡镇处于十分被动的地位,它们或采取借债寻租或欺骗的方式争取专项资金，或不得不承受"富者更富、贫者更贫"的"马太效应"①。

(三)"乡财县管"限制了乡镇政府的治理积极性

自 1953 年政务院将乡镇预算列入国家财政预算范畴以来,乡镇财政收入一直被列为县级财政预算，乡镇预算实行收入全额上缴并纳入县级财政预算,支出由上级政府下划和自筹解决。税费改革以后,乡统筹、自筹部分被取消,乡镇财政开始越来越依赖上级财政下划。为了巩固税费改革的成果,防止乡镇向下乱收费,对于这些下划资金,很多地方实施了"乡财县管"的制度。可以说,乡镇政府的财政困境,直接推动了"乡财县管"改革。2002 年国务院批转了财政部《关于完善省以下财政管理体制有关问题意见的通知》,其中第五条明确规定:"对经济欠发达、财政收入规模较小的乡,其财政支出可由县财政统筹安排,以保障其合理的财政支出需要"。②2005 年 12 月 31 日,国务院在《关于推进社会主义新农村建设的若干意见》中,明确鼓励地方实行"乡财县管"的财政管理制度改革。2006 年 7 月 28 日,结合乡镇财政管理方式改革试点经验,财政部发布《关于进一步推进乡财县管工作的通知》(财预〔2006〕402 号)。"乡财县管"导致乡级财政自由受限。"截至 2011 年底,全国实行'乡财县管'的乡镇有 2.93 万个,约占全国乡镇总数的 86.1%"③。"乡财县管"的原则是坚持财权与事权相统一,坚持预算管理权、资金所有权与使用权、财务审批权、债权债务关系不变,其管理方式为"预算共编、账户统设、集中收付、采购统办、票据统管"。从全国范围来看,"乡财县管"的管理模式

---

① 杨海生:《试论农村公共产品转移支付制度的改革取向》,《江苏大学学报》(社会科学版),2011 年第 1 期。

② 国务院批转财政部《关于完善省以下财政管理体制有关问题意见的通知》,国发(2002)26 号。

③ 杨发祥、马流辉:《"乡财县管":制度设计与体制悖论—— 一个财政社会学的分析视角》,《学习与实践》,2012 年第 8 期。

大致表现出三种方式：县乡镇共同管理的财政管理型、乡镇财政与财务由县财政直接管理和核算的统收统支型、乡镇管理财政但需向县级报账的财务管理型。①无论何种形式，乡镇政府的财政权力都基本被上收。

"乡财县管"制度设计的初衷是为了规范乡镇财政行为，遏制乡镇负债并巩固税费改革的成果，保障农村基层政权的有效运行，以及乡村社会的和谐与稳定。"乡财县管"通过对公共行政权力和社会资源的重新分配，重构乡镇财政收支流程，从而改变了乡镇财政原有的运行机制，②在一定程度上达到了制度设计的初衷，巩固了农村税费改革的成果。然而，事权与财权相匹配是保障乡镇政府有效运转的前提，"乡财县管"在很大程度上限制了乡镇政府财政预算的自主性和灵活性。在财政收支被县级政府牢牢掌控的条件下，乡镇政府的实际可支配财政并不多，这就降低了乡镇政府发展经济的积极性和责任意识，产生"靠、要、等"的惰性思想。另一方面，"乡财县管"虽然在一定程度上缓解了乡镇财政危机，但它依靠的是将财政压力转移到了县一级，从县乡整体来看，并没有从根本上解决县乡财政难题，在政府转移支付制度没有进行配套改革的情况下，县乡两级财政并不会通过加强乡级财政支出而有所增加，遑论乡镇政府能够在职能上有所转变，成为一个农村公共服务的有效提供者。③而且"乡财县管"在削弱和上划乡级政府财权的同时，也削弱了乡级政府为辖区内居民提供公共产品和服务的自主能力，加剧了乡镇公共服务和公共产品的供给缺位。④

"乡财县管"虽然明确要求按照"一级政府、一级预算"，以及"财权与事权相匹配"的原则和"划分乡镇类型、确定收支范围、核定收支基数、分类超

---

① 姜定军：《"乡财县管"利弊分析及改进建议》，《地方财政研究》，2005 年第 5 期。

② 孔兆政、李佳泽：《"乡财县管"改革的公共治理效应与完善对策》，《华东理工大学学报》（社会科学版），2011 年第 4 期。

③ 吴理财：《县乡关系的几种理论模式》，《江汉论坛》，2009 年第 6 期。

④ 杨之刚等：《财政分权理论与基层公共财政改革》，经济科学出版社，2006 年，第 175 页。

收分成"等办法进行财政分配,但在县级政府掌握财政主动权的情况下,县乡之间的财政分配往往是财政向县级政府集中,"财权向上集中,事权基本下移"的惯常逻辑使得乡镇政府事权与财权高度不匹配。这种情况不仅导致了乡镇政府提供农村公共产品乏力,而且使得乡镇政府经常采用各种"变通"策略来完成上级交办的任务,出现各种失范行为。

二、乡村关系:压力型体制下的策略选择

(一)压力型体制的概念及运行逻辑

政府组织间的压力型运行体制不仅影响着上下级政府之间的关系,也深刻影响了乡村关系。改革开放以后,计划经济体制被市场经济体制所取代,但计划经济时期的动员体制在现代化和市场化压力下却以新的形式继续运行,这一新的形式即压力型体制。所谓压力型体制,是指"一级政治组织(县、乡)为了实现经济赶超,完成上级下达的各项指标而采取的数量化任务分解的管理方式和物质化的评价体系"[1]。在这一体制下,各级政治组织将社会经济发展目标和上级任务进行量化分解后,层层下派到下级组织及个人,并对规定时间内各级组织的任务完成情况进行考核与评价,基于考核结果进行奖励与惩罚,奖励的形式包括升级、提资、提拔、奖金等,对于重要任务的惩罚方式是"一票否决"制,即"一旦某项任务没有达标,就视其全年工作成绩为零,不能获得任何先进称号和奖励"。[2]这一考核方式不仅影响着政府工作人员的物质经济利益,更对其政治前途的发展具有决定性作用。

按照压力型体制理论的创建者荣敬本等学者的解释,压力型体制的运行是围绕着数量化的指标和任务开展的。其具体运行过程大致分为四个步

---

[1] 荣敬本等:《从压力型体制向民主合作体制的转变》,中央编译出版社,1998年,第28页。
[2] 荣敬本等:《从压力型体制向民主合作体制的转变》,中央编译出版社,1998年,第28页。

骤:①根据中央和上级计划结合本地区的实际状况确定指标与任务;②以岗位目标责任制的方式逐级派发指标与任务;③各级政府寻求各种措施完成指标与任务;④通过年度考核或者述职报告评价指标与任务的完成情况,并根据考核结果进行奖惩。①在"压力型体制"概念被广泛使用后,它不仅仅限于政府在经济发展方面所承受的任务与压力,而且被广泛应用于政府之间的各种行政性任务与压力。这一体制之所以能够对各级政府之间的关系形成巨大影响,并主导着各级政府的行为方向与方式,其运行逻辑主要在于:①精细的目标分解。将每一项任务进行数量化分解,具有目标明确的特点,易于各级政府和各部门进行把握与控制;②岗位目标责任制的落实方式。各项任务被数量化分解后,政府、党委、各部门甚至具体到每个工作人员,逐级自上而下地签订任务责任书,以保证任务的落实。这一方式具有权责清晰、分工明确的特点,有利于保证任务的落实;③与经济利益、政治利益直接相关的奖惩机制。这一机制具有奖惩分明的特点,可以起到鼓励与惩戒的双重作用。人的一切行为都与其利益相关,将行政任务与各级政府工作人员的切身利益相联系,对其产生巨大的鞭策动力。为此,压力型体制不仅成为中国政府完成各种行政任务的主要依赖手段,也成为中央控制地方、上级主导下级的一种有效方式。

(二)压力型体制对乡村关系的影响

虽然"压力型体制"最初被用来解释和分析政府间权力运作的方式,而村民委员会属于农村群众的自治性组织,按照《村委会组织法》的规定,乡镇政府与村民自治组织之间为"指导"与"被指导"的关系,乡村之间并不适用"压力型体制"的理论解释,但是在乡村治理实践中,乡村关系的运行逻辑表

---

① 荣敬本等:《从压力型体制向民主合作体制的转变》,中央编译出版社,1998年,第30~33页。

现为一种实质的压力型体制。

农村税费取消之后,虽然乡镇政府没有了税费征收的巨大压力,计划生育工作的压力也在人们"少生优生"的思想观念下大力消减,但是来自上级政府的各种升级达标的任务,尤其是社会主义新农村建设任务仍然在乡镇政府的工作中发挥着"指挥棒"的作用。为了将各种达标升级的任务落实,将建设社会主义新农村的任务在各个村庄落实,乡镇政府必须将任务进行分解,逐一分配给各村的村级干部,并通过目标考核与利益奖惩的方式保证村级干部对于各项工作的执行与落实,在乡镇掌管村级干部的工资、奖金甚至实行"村财乡管"的情况下,乡镇政府对村级组织的行政压力可以明显发挥作用。为此,虽然村级自治组织并不属于政府体系,也不是乡镇政府的下级组织,但"乡村之间仍要保持一种类似上下级的关系以实现政令的传递与执行"[①],乡村两者之间的关系是一种实质性的"压力型体制"运行逻辑,正是这样的运行逻辑导致了乡村之间实质的"领导"与"被领导"关系,导致了"后税费时代"在失去对于村级组织的体制性约束权力后,乡镇政府仍然希望通过策略性的关系运行模式维持对村级自治组织的领导与控制。

三、村民自治:秩序与活力的平衡

村民自治自产生之日起就被看作中国民主发展的演练场,理论界对村民自治更是充满了各种设想和期望,希望以此促进中国基层民主乃至整个民主政治体制的创新和发展。然而,在实践中村民自治却并没有沿着自治的方向大踏步发展,究其原因主要在于党和政府对于社会秩序的注重更甚于社会活力,保障基层稳定是发展的基本前提,为此,村民自治虽然产生于农

---

① 战晓华、邓泉国:《后税费时代乡村关系的特征及均衡发展的路径》,《农业经济》,2012年第9期。

村社会,但一直以来更依赖于党和政府的设计与推动,这就使得村民自治所能体现的民主因素,首先要服务保障社会稳定与社会和谐的秩序,这就使得村民自治的发展不可能是无限度的。

自村民自治产生后,国家大力在基层进行推广的初衷就是为了维护农村社会秩序,对农民进行社会整合。在人民公社解体后,因为党的基层组织不可能将所有农民吸纳到自己的组织内,这就必须寻求组织农民的新方式。村民委员会的出现正好满足了这一需求,它既不是政权组织,也不是政党组织,它的群众性特点使得凡是农民都可以获得"村民"这一公共性的组织身份。正是由于村民自治制度可以将分散的农民再度整合起来实现农村的稳定与秩序,国家才对于村民委员会进行肯定与积极推广。也就是说,国家看重村民自治所带来的社会稳定与秩序、稳固执政根基的价值更甚于其民主、民权的价值。在现阶段的价值之选就决定了村民自治的发展程度,一方面通过民主的方式来吸纳村民融入乡村治理,以自治减少治理成本,并在一定程度上增加社会活力;另一方面在民主建设的过程中,又始终强调将村民自治置于党的领导和权威之下,这种看似矛盾的做法实质是在社会秩序与社会活力之间寻求平衡,既希望释放社会活力减少治理成本,又希望避免无序民主导致的失控和混乱。"一种现实主义的选择就是在权威与自由、权威性的控制与民主竞争之间搞平衡","权威与民主之间的平衡,背后是一种政治实用主义的思维和态度。民主的完善和发展始终是和利益结合在一起的,始终是与权威的建立和发展有关联的"。[①]正是这种政治实用主义态度,形成了乡村复杂的权力结构并决定了村民自治的发展限度。

另一方面,对于地方政府而言,推行村民自治制度的主要目的是实现农村社会的稳定,减少因社会冲突而引起的农村居民上访事件。在压力型体制

---

① 何包钢:《村民自治和民主理念》,徐勇、徐增阳主编:《乡土民主的成长——村民自治20年研究集萃》,华中师范大学出版社,2007年,第105页。

下,我国政府对于群众上访事件实行"一票否决制"。作为一项地方政府绩效评估体制,"一票否决制"通过强化管理力度,突出某项工作的至关重要性,对地方政府的治理工作提出了更高的要求。在"一票否决制"压力下,地方政府努力将各种社会矛盾化解在基层,而村民自治恰恰能在一定程度上满足就地化解矛盾的需求。为此,地方政府对于村民自治的态度一方面来自自上而下的政治压力,另一方面在于村民自治的民意基础,能够减少干群冲突和化解阶层矛盾。这种实用主义态度也在一定程度上影响了村民自治的发展。

总之,在农村社会趋于稳定之后,随着村民自治制度的深入发展,必然会触及乡村关系、农村两委关系的深处,当自治权力与国家行政权力或者与基层党组织政治权力发生冲突时,党和政府对于村民自治的实用主义态度就会为自治设定发展限度。这一限制往往体现在当国家利益与村民利益有出入时,本应代表村民利益的村民委员会或其他自治组织因其对于政府的依赖性,而往往不能真正代表村民利益,以牺牲一定程度的社会活力换取社会秩序和政治稳定。为此,也有学者将此种情况解释为,"当强制性权力引发的干群冲突越来越导致国家合法性的流失时,村民自治也就不可能是民主的演练场,而更多的是一种低成本的国家政权建设"①。

四、村"两委"关系:村庄权力的权威之争

村委会与村党支部之间的矛盾冲突之所以会形成,从表面上看既与村"两委"成员的素质有关,也与农村管理制度的设计相关。然而,从更深层次的角度进行分析可以发现,两种组织之间的矛盾与冲突的实质是权力的合法性之争,其背后所体现的是对于权威与民主的价值之争。

---

① 吴理财:《村民自治与国家政权建设》,《学习与探索》,2002 年第 1 期。

（一）村"两委"冲突体现了农村基层权力的权威之争

权力来源是指权力被认同与服从的来源或基础。经验主义和民主程序对于权力合法性来源的侧重点不同，前者强调遵守一定的规则和有效性，后者强调遵循必要的民主选举程序，这两者体现了权力来源的两种一般性渠道，即自上而下的赋权与自下而上的选举。村党支部和村委会的权力来源正体现了这两种渠道的分野与冲突。实行村民自治后，尤其是村民直选制度得到普遍推广后，村党支部与村委会的权力来源出现了分野。村党支部的权力来源主要是乡镇党委任命，而村委会的权力来自全村选民的投票选举。这样，在农村治理实践中出现了哪种途径产生的权力更具有权威这一问题。

对这一问题的理解仁者见仁智者见智，不少村民从自身权利出发，认为经过大多数村民选出的村主任真正代表了农民的利益，比由几十名或者几名党员选出的村支书或者由乡镇党委自上而下安排的村支书更有权威。而在乡村治理实践中，一旦出现与这一观念相违背的权力冲突，就会使得村民对村民选举的实效性意义产生怀疑，"由多数村民选举的村委会必须接受由少数党员选出来的党支部领导？""如果村支书是铁定的'第一把手'，那么选举村主任这个'第二把手'又有什么实际意义？"[1]这些问题背后体现的就是对于权力合法性或者权力来源的疑惑。如果按照程序民主的原则实行少数服从多数，那么多数选举产生的村主任自然比少数党员选举产生的村支书更具合法性，然而从党的执政、政治运转逻辑来讲，显然党的领导更具有权威性。"从规范政治的角度来看，村党支部的权力实质上来源于它的基本政治职能，即保证党的路线、方针和政策在本村的贯彻执行。"[2]以此为逻辑，只要村党支部能够贯彻执行党的路线方针政策，保证上级决策部署在本村的

---

① 郭正林：《中国农村二元权力结构论》，《广西民族学院学报》（哲学社会科学版），2001 年第 6 期。

② 郭正林：《中国农村二元权力结构论》，《广西民族学院学报》（哲学社会科学版），2001 年第 6 期。

贯彻落实,村党支部就实现了其存在的政治意义。当然,从理论上和中国共产党的政治目标来讲,党的利益和人民利益是根本一致的,党在农村依靠党支部所推行的各项政策从根本上也是为了广大农民的根本利益的。只是表现在具体实践中,在经济发展、社会状况、文化素质各异的广大农村,难免会出现执行偏差的情况。

此后,为了解决村"两委"的权威之争,在制度和实践中通过"一肩挑"和"交叉任职"的方式加以解决。"一肩挑"是指村党组织书记、村委会主任和村级集体经济组织、合作经济组织负责人由同一人担任。"交叉任职"是指,村支部和村委会成员符合条件的,经过法定程序双向进入。党的十九大之后,通过一系列的制度修订完善,对"一肩挑"和"交叉任职"进行了明确。《中国共产党农村基层组织工作条例》(自 2018 年 12 月 28 日起施行)第六章第十九条规定：村党组织书记应当通过法定程序担任村民委员会主任和村级集体经济组织、合作经济组织负责人。《中国共产党农村工作条例》(自 2019 年 8 月 19 日起施行)第三章第十九条规定:村党组织书记应当通过法定程序担任村民委员会主任和村级集体经济组织、合作经济组织负责人。2019 年中央一号文件《中共中央国务院关于坚持农业农村优先发展做好"三农"工作的若干意见》(2019 年 1 月 3 日)第七点提出,全面推行村党组织书记通过法定程序担任村委会主任,推行村"两委"班子成员交叉任职,提高村委会成员和村民代表中党员的比例。加强党支部对村级集体经济组织的领导。2018 年中共中央、国务院印发《乡村振兴战略规划(2018—2022 年)》第二十五章第一节指出:坚持农村基层党组织领导核心地位,大力推进村党组织书记通过法定程序担任村民委员会主任和集体经济组织、农民合作组织负责人。明确提出到 2020 年全国村党组织书记、主任"一肩挑"要达到35%,到 2022 年要达到50%的预期目标。据统计,截至 2017 年底,全国村党组织书记和村委会主任"一肩挑"的比例是 30%。其中比较高的有海南98.7%,湖北 96.5%,广东

73%,吉林 66.9%,北京 59.6%,山东 59.4%。《中共中央、国务院关于建立健全城乡融合发展体制机制和政策体系的意见》(2019 年 5 月 5 日)第十八条提出,强化农村基层党组织领导作用,全面推行村党组织书记通过法定程序担任村委会主任和村级集体经济组织、合作经济组织负责人。中央全面依法治国委员会 2020 年 3 月印发的《关于加强法治乡村建设的意见》提出,全面推行村党组织书记通过法定程序担任村民委员会主任和村级集体经济组织、合作经济组织负责人,村"两委"班子成员应当交叉任职。中共中央办公厅、国务院办公厅印发《关于加强和改进乡村治理的指导意见》(2019 年 6 月 23 日)第二部分第一项提出:村党组织书记应当通过法定程序担任村民委员会主任和村级集体经济组织、合作经济组织负责人。据《人民日报》2022 年 5 月 23 日刊发的《全国村"两委"集中换届完成 49.1 万个村发力全面推进乡村振兴》一文显示,自 2020 年 10 月开始的全国村"两委"换届工作目前已全部完成,49.1 万个村班子完成新老更替。村党组织书记、村民委员会主任"一肩挑"比例达 95.6%,比换届前提高 29.5 个百分点。

(二)村"两委"矛盾源于运转逻辑不同

农村税费改革后,"村两委"之间的矛盾离不开制度层面的内在矛盾。无论是当时依据的《村委会组织法》(1998),还是《中国共产党农村基层组织工作条例》(1999),虽然都把农村基层党组织在农村社会的作用界定为"领导核心",但在明确村党支部与村委会的关系时用的都是"支持和保障",即村党支部支持和保障村民自治组织依法开展自治活动。这一内在的制度冲突说明国家对于村党支部和村民自治的矛盾是在实践运行中逐渐产生的,在制度设计之初没有预想到两者的复杂关系。再者,村党支部和村民委员会开展工作所依据的制度规范的性质不同,村民委员会主要根据《村委会组织法》(1998),属于国家法律,村党支部则主要依据党章和《中国共产党农村基层组织工作条例》(1999),属于党内法规,这就决定了两者的运转逻辑是不同的,党支部是按照政治逻辑运转,而村委会是在法的规定下按照民主逻辑运转。当两者目标一致时可能会关系良好,但如果出现目标不一致或者出现权力之争时,往往会造成两者之间的矛盾和冲突。有的村党支部以"领导核心"为依据对村务大包大揽,有的村庄村民自治意识较强,村委会以民主选举为基础不服从党支部的领导。

此后,为了从制度上解决村党支部和村委会的权力之争,通过国家有关法律和党内法规的修订,进一步明确了两者之间的关系。2018年12月29日,第十三届全国人民代表大会常务委员会第七次会议通过全国人民代表大会常务委员会关于修改《中华人民共和国村民委员会组织法》的决定。同年,中共中央印发新修订的《中国共产党农村基层组织工作条例》,以及通过党的十八大、十九大修订的党章,都进一步明确了基层党组织在农村的全面领导作用,也明确将党支部与村委会的关系修改为"领导和支持",以与党支部的"领导作用"相一致。这样,村委会完全在党支部的领导下开展自治活动。

(三)权力合法性之争背后体现的是权威与民主的价值之选

村委会的自治权力来源于村民自下而上地选举,体现的是民主理念;而村党支部的领导权力来源于中国共产党自上而下地授权,是为了保证中国共产党对农村社会的控制力,体现了维护权威的理念。为此,"农村两委的权力谁在农村社会更具有合法性"这一问题背后所体现的是权威与民主的价值之争,是中国现代化过程中权威政治与民主政治之间进行平衡的微观表现。显而易见,通过近年来制度的不断明晰,在以基层民主保持社会适度活力的同时,更侧重于对政治稳定和社会秩序的追求。按照亨廷顿的现代化理论,"现代性孕育着稳定,而现代化过程却滋生着动乱"①。他曾谈到农村对于现代化国家稳定的重要作用:"农村在现代化中国家的政治中起着举足轻重的作用……它或是充当稳定的源泉,或是充当革命的源泉。如果农民默认和认同于现存的政治体系,那么它就为政治体系提供了稳定的基石。倘若农民积极地反对政治体系,它就会成为革命的推行者。"②显然,对于后发国家,在现代化过程中,阶层利益不断分化,社会的不平等程度日益扩大。随着社会经济的快速发展,民众产生了各种期望和要求,向政治系统输入要求的期望也越来越强烈,如果政治参与的要求高于政治制度化水平,国家不能在短时间内满足这些期望和要求,民众就会抱怨甚至出现对抗政府或执政党的行为。在转型社会中,通常历史积怨甚多,现实矛盾极为复杂,民众还不习惯通过公认的游戏规则和程序来解决冲突,不善于也不愿意通过妥协来化解矛盾。因此,后发国家在调控社会矛盾、处理发展和稳定的平衡关系方面往往处于尴尬的境地,政治稳定面临着极大的威胁。③在这种情况下,如果没有一个强力的权威来规范民众的政治参与,适度把控暂时难以满足的民众需求和要求,这些要求就会成为滋生动乱的温床,从而影响现代化过程中的政治稳定,甚至出现动荡的政治局势与经济倒退。因此,后发国家在现代化过程中更加注重权威政治。然而,权威政治只是在现代化发展过程中特定阶段的一种政治模式,仅仅依靠强制力并不能保证国家的长治久安。在民主已成为世界潮流的形势下,民主越来越成为权威合法性的基础与条件,成为现代国家稳定的重要途径。通过民主的途径,政治权威获得民众的认可与支持,社会各利益阶层表达和实现自身利益,这是实现国家获得稳定秩序的重要保

---

① [美]塞缪尔·亨廷顿:《变化社会中的政治秩序》,李盛平等译,华夏出版社,1988年。

② [美]塞缪尔·亨廷顿:《变革社会中的政治秩序》,李盛平等译,华夏出版社,1988年,第285~286页。

③ 参见[美]西摩·马丁·李普塞特:《政治人——政治的社会基础》,张绍宗译,上海人民出版社,1997年,第420~421页。

证。为此,随着现代化进程的推进和发展,在社会具备了稳定的现代性特征阶段,必然会越发注重民主政治的价值。权威与民主的价值选择既与具体国情相关,也与现代化的发展程度相关。

第六章 走向善治：促进乡村协同治理展望

在现代化建设中，国家越来越重视农业发展、农村建设、农民生活改善。没有农业农民的现代化，就没有整个国家现代化。在打赢脱贫攻坚战后，党中央提出，坚持把解决好"三农"问题作为全党工作重中之重，举全党全社会之力推动乡村振兴。乡村治理是国家治理的基石，没有乡村的有效治理，就没有乡村的全面振兴。乡村治理结构虽然从主线上是以国家为主导设计，但在实际运行中往往是国家政权与农村社会双向调试的结果，是在政治运行逻辑和社会生长逻辑的互动互构中塑造的。21世纪以来，在理念上从"管理"转向"治理"，再由"治理"走向"善治""治理共同体"，正是国家与社会关系互动中的发展与走向。

一、理念：以善治理念完善乡村治理结构

（一）善治的理念及要义

善治理论以治理理论为基础，打破了国家与社会、公共部门与私人部门的传统两分法，以克服治理失效而提出的一种新的理念。对丁什么是善治，

理论界有多种概念。俞可平认为,善治就是使公共利益最大化的社会管理过程。其本质特征是政府与公民对公共生活的合作管理,是政治国家与公民社会的一种新颖关系,是两者的最佳状态。他认为善治主要包含十大要素:合法性、法治、透明性、责任性、回应、有效、参与、稳定、廉洁、公正。①邓大才从基层社会或者说乡村社会来界定善治:只要能够实现"和谐的秩序"就是善治。这种善治包括四个要素:秩序性、参与性、成本性和稳定性。所谓秩序性,就是善治首先要有良好的秩序,包括经济发展中的秩序;所谓参与性,就是良好的秩序是通过公民民主参与实现的。所谓成本性,就是能够以较低的成本实现公民民主参与下的良好秩序,即以低成本实现善治。所谓稳定性,就是在公民民主参与下以低成本实现的良好秩序是稳定的、可持续的。②李以所认为,走向善治的关键是善政,能否实现善治取决于两个关键因素:政府和公民。一方面,政府应该是一个实施善政的好政府,政府要有走向善治的动力和能力,无论这个动力是来自竞争的压力还是自身的良心自觉,重要的是政府得有朝向善治的被激励的动机,同时国家的制度框架也可以为之提供保障,使之具备实现善治的基本可能性。另一方面,就是公民的参与,善治是基于治理理论而衍生出来的理想目标,治理强调的就是公民对公共事务的参与和公私合作,没有公民的自愿参与,哪怕政府的施政特别良好,也至多是实现了善政而已。公民是构建公民社会的基本单元,公民社会是实现善治的现实基础,没有一个健全和成熟的公民社会,善治将永远都是空中楼阁。③通过梳理以上概念和理解,可以得出对于善治的一些基本共识:治理的价值和目标具有多重性,包含有追求社会秩序、发展政治民主、维护社会公

---

① 俞可平主编:《治理与善治》,社会科学文献出版社,2000 年。

② 邓大才:《走向善治之路:自治、法治与德治的选择与组合———以乡村治理体系为研究对象》,《社会科学研究》,2018 年第 4 期。

③ 李以所:《论善治政府的基本内涵》,《理论导刊》,2012 年第 8 期。

正等,几个目标比较而言,社会秩序是首要的,但不能忽视公民的参与性,这是发展政治民主、保持社会活力的重要途径;治理的方式方法具有多元稳定性,包含法治、自治等多种治理方法,重在能够以现代化的方式解决问题且低成本、可持续;治理结构中的关键是政府和公民。

治理理念提出后,在取代管理理念运用于政治实践后,其内涵和路径不断被拓展和深化。以党的重要会议相关提法为例,党的十八届三中全会首次正式提出"社会治理",党的十八届五中全会提出"加强和创新社会治理,推进社会治理精细化,构建全民共建共享的社会治理格局"的要求。党的十九大报告提出,"打造共建共治共享的社会治理格局。加强社会治理制度建设,完善党委领导、政府负责、社会协同、公众参与、法治保障的社会治理体制,提高社会治理社会化、法治化、智能化、专业化水平。"党的十九届四中全会增加了"民主协商"和"科技支撑",提出"必须加强和创新社会治理,完善党委领导、政府负责、民主协商、社会协同、公众参与、法治保障、科技支撑的社会治理体系,建设人人有责、人人尽责、人人享有的社会治理共同体,确保人民安居乐业、社会安定有序,建设更高水平的平安中国"。党的二十大报告提出健全共建共治共享的社会治理制度,提升社会治理效能,并将"建设人人有责、人人尽责、人人享有的社会治理共同体"作为完善社会治理体系的重要目标。从实践发展来看,表现出比善治理论研究更为广泛的发展成果,治理主体不仅包含政府和公民,始终强调党委的领导作用,更加注重社会协同参与;治理方式衍生出法治、德治、自治、智治等更为多元的途径;治理目标为更高层次的社会治理共同体。可以说,社会治理的政治实践源于治理理念、善治理念,同时基于政治、经济、文化传统等的综合影响,又对善治进行了丰富和拓展,形成了当前对社会治理共同体的目标追求。

(二)党委领导:贯穿治理的一条红线

治理理论源于西方社会研究,在其治理理论中鲜少有政党因素的提及,更多是对政府和社会的关系的探讨,这也是最初治理理论被引进中国之后,不少学者认为善治的关键是善政。但是中国有中国的国情,有中国的政治现实。治理理论在被运用于政治实践、社会实践之后,发生了本土化的与时俱进的发展和再造,既没有囿于我国传统的治理之框,更没有照搬西方社会治理的模式和方法,而是在回应时代发展和中国社会变革中形成与我国政治体制、政治文化、政治传统相适应的治理格局。其中,治理格局中最大的特点就是坚持中国共产党的领导。在我国社会治理或者乡村治理中,中国共产党的领导是关键因素。

从政治现实来看,无论是在社会管理时期,还是社会治理时期,坚持党委领导一直是构建管理/治理体制的首要条件。党的十七大报告提出要构建"党委领导、政府协同、公众参与"的社会管理格局。党的十八大报告提出,"要围绕构建中国特色社会主义社会管理体系,加快形成党委领导、政府负责、社会协同、公众参与、法治保障的社会管理体制",仍然强调了党委领导作用的首要地位。党的十八届五中全会将建设格局从"管理"转变为"治理",仍然强调"党委领导",在政府、社会、公众等多元主体中党委发挥了领导作用。党的十九大报告提出,"打造共建共治共享的社会治理格局。加强社会治理制度建设,完善党委领导、政府负责、社会协同、公众参与、法治保障的社会治理体制,提高社会治理社会化、法治化、智能化、专业化水平"。十九届四中全会提出,"必须加强和创新社会治理,完善党委领导、政府负责、民主协商、社会协同、公众参与、法治保障、科技支撑的社会治理体系,建设人人有责、人人尽责、人人享有的社会治理共同体,确保人民安居乐业、社会安定有序,建设更高水平的平安中国"。从历次政策文件表述中的变与不变可以看出，始终坚持党委领导是推进我国基层社会管理/社会治理实践发展的重大政治原则。正如有的学者指出，"党的十八大以来，无论在社会治理的顶层规划还是在具体实践中，党在社会治理中的领导地位得到了确立。党的领导是中国社会治理体系和治理能力现代化的组织保障。总揽全局、协调各方既是党的领导权能的核心表现，也是党的领导责任的具体要求。"[1]

(三)政府:从"主导"走向"引导"

在我国乡村治理模式的发展历程中，政府始终处于主导地位，正如有的学者所说："我国的乡村治理创新一直围绕'国家在乡村社会的进出'这一主线进行。当国家过度'在场'时，农村社会自主性受到压制，乡村关系紧张，这时国家开始适时退出;当国家对农村过度放权时，农村社会活力增强，但是由于农村社会力量发育不足，乡村社会又出现无序化等问题，国家的介入又提上了日程。我国乡村治理的过程明显带着国家与社会关系调节的色彩。"[2]历次乡村治理结构的变革，虽然有来自外在环境的影响与推动，但往往都是政府主动调整的结果，也因此导致乡村自治组织缺乏自我组织的动力与能力。政府的主导作用曾经在很大程度上促进了乡村社会的整合与发展。然而，在政府主导与行政推动下农业农村的发展可能导致一种非良性循环，即国家作为主导力量介入农村发展中。为了确保国家有足够的财力和其他资源促进农业农村发展，国家需要以工业税收、控制土地、金融等方式获取资源，而这些方式又导致农民缺乏自主行为空间，难以创新现代农业发展方式，无法形成新的生产组织方式，又进一步加大对国家财政转移支付和行政力量介入干预的要求。[3]

---

[1] 郑长忠:《以党的组织形态创新推进城市治理》,《解放日报》,2016 年 8 月 9 日。

[2] 舒永久:《马克思国家与社会关系理论及其对我国乡村治理的启示》,《探索》,2013 年第 1 期。

[3] 郁建兴等:《从行政推动到内源发展:中国农业农村的再出发》,北京师范大学出版社,2013 年,第 30 页。

政府主导模式不利于释放乡村社会的自我发展活力,也势必影响乡村的可持续发展。为此,政府主导必须同时兼顾以促进乡村自我发展为目标,唯此才能实现乡村社会的可持续发展。这就要求政府由"主导"乡村发展逐渐向"引导"乡村自我发展与自我治理转变,通过引导农村居民积极参与社区管理,自觉维护自己的合法权益和社会公平,借助政府和社会各种力量建立社区内的互助合作和相互关怀的社区服务体系,加强社区的整合能力,实现农村居民的自我管理和自我服务。

"主导"与"引导"虽然只有一字之差,但其内涵却有很大不同。前者是替农村居民做出选择,对农村居民进行直接管理;后者是帮助农村居民进行合理的自我选择,实现村民的自我管理。在政府"引导"的发展模式下,政府应避免过多的、不当的行政干涉,而突出农村社区管理的自治性和自愿性。政府职能将更加注重从宏观角度对农村社区全局发展进行战略性的规划,集中表现为政策引导、基金支持、规划监督等,同时大力发展社会自治组织,如农民协会、专业合作经济组织、各种非政府组织和志愿者组织等参与到治理格局中,在管理方式上变管理为服务,以服务为主,更多强调法律手段,淡化行政手段,通过契约履行各自的权利义务。①

从"主导"转向"引导",政府在乡村治理中的功能将实现以下转变:首先,政府政策目标要包含提升村民自治能力。在乡村治理中,政府仍然承担着重要的责任,但它不是乡村治理的唯一主体,而是更加注重组织、支持农民参与到农村治理中。政府政策要通过消除体制瓶颈、制定优惠政策等,提升社会组织、农民参与农村社会管理和公共服务供给的能力,积极引导和培育乡村社会自组织能力,进一步释放农村社会自身的活力和能量。其次,政府行为从行政干预转为制度规范。政府从对乡村治理与发展的具体事务中

---

① 李小伟:《由政府主导到政府引导:农村社区建设的路径选择》,《社会科学家》,2010 年第 9 期。

解脱出来,同时也实现了对自身的"解制",它不仅具有更多的精力来审视和改造自己的行政行为与方式,还可以超越具体情景的限制,以更制度化与普遍化的方式来处理相关问题。在这种情况下,政府将不再通过资源控制与分配实现对乡村社会的组织与控制,不再以具体的行政干预乡村事务,而是以制度规则作为政府行为的权威来源,通过依法行政、依规则行事保证公权力在乡村社会的影响与权威。最后,政府引导的效果就是使农民逐渐成为自治者。农民在拥有了对土地、金融等要素支配权、对村务的自治权的条件下,通过政府合理引导与支持,积极参与乡村治理事务,在促进农村发展的过程中提升自己,为农村现代化进程提供可持续的内生动力。

当然,从"主导"到"引导"的功能转变还需要政府主动转变观念,"政治权力日益从政治国家返还公民社会,政府权力的限制和国家职能的缩小,并不意味着社会公共权威的消失,只是这种公共权威日益建立在政府与公民相互合作的基础之上"[1]。政府需要有意识地自我限权,有序让渡对社会资源的支配和分配,逐步确立社会组织参与公共管理、提供公共服务的空间,形成共建共治的治理结构。

(四)社会:提升参与治理能力与释放活力

善治以实现公共利益最大化为目的,注重社会参与、公民参与公共治理,其内含着更加注重社会的内在生长与发展活力。这就要求改变传统的社会组织对政府的高度依赖,增强合作性与自治性,通过协同合作实现"共治"。

第一,要培养社会组织的独立自主性。社会自治组织只有摆脱对政府高度依赖,才能尽可能避免政府对自治事务的干预,并真正代表组织内成员的

---

[1] 俞可平:《引论:治理和善治》,俞可平主编:《治理与善治》,社会科学文献出版社,2000年,第14页。

诉求和利益，而不是异化为政府的"腿"。减少甚至消除对于政府的依赖，社会组织必须具有一定的资源来维持其自身的运行与发展，还需要政府逐步为公共资源的管理与使用搭建更多的公共平台，吸纳各类社会组织依法参与社会治理。当然，这种独立性具有一定的"相对性"，即社会组织必须是在党的领导之下，在相关法律规定内活动。

第二，具有公共权威性。社会组织参与乡村治理的前提就是必须获得乡村社会的普遍认同，树立公共权威性，这一过程也是社会权力在乡村建立合法性的过程。社会权力在乡村治理中的合法性主要从两方面获得：一是自上而下的国家法律对其治理主体地位的认同与保护。在这方面国家对于村民委员会的认可与支持程度较高，而对于其他自治组织支持则相对较低，相关成文法规也较为匮乏。虽然我国有关政策鼓励第三部门参与乡村社会服务和公共产品供给，但具体到地方和基层政府，却没有为这些组织的发展提供良好的制度环境，这些社会组织在乡村社会中发挥治理作用还有待法律和制度的完善与支持。二是自下而上的农村社区居民对社会自治组织的认同与服从，其获取途径主要有完善基层选举制度与提高治理能力。三是提高社会组织解决问题的能力。较高的治理能力是社会与政府"共治"的基础，一般而言，乡村居民对于能为村民带来实际利益、切实解决村务纠纷、为乡村发展创造良好环境的乡村社会组织具有更高的信任与支持。

第三，具有治理实效性。要保障"共治"的实效性，乡村社会组织不仅具有合法的治理主体地位，较高的治理能力，而且还要取得实际的治理效果，这主要表现为自治"决议"应得到充分的尊重与执行。在当前的乡村治理中还普遍存在基层政府为了实现地方政府利益，不顾村民公共意志强行干预村级公共事务的现象，尤其在农村土地征用中表现较为突出，导致了群体事件发生。为此，在推动乡村发展、制定政策时也要充分尊重农民的意愿，注重对于自治"决议"的尊重。

第四,具有合作意识。在乡村事务日益复杂化,利益多元化的情况下,国家权力在制定宏观的政策导向方面更有优势,具体的内容还需要乡村组织填充,为此,乡村社会组织必须具有合作意识。目前来看,社会组织尚缺乏自我组织的动力与能力,如何规范自身运行,如何与政府开展合作,面对合作中出现的纠纷、问题如何化解等,这些能力都需要在参与治理实践中逐步培养与训练。

对于村民自治组织来讲,"积极主动"参与治理,应当从以下三个方面增强治理功能:

一是增强村务的自主管理权。村务的自主管理权与决定权是体现乡村社会组织独立性与自治性的主要内容。增强村务自主管理权首先需要明确国家权力与社会权力之间的职责划分,区分政务与村务,由乡村社会组织主要承担乡村村务的自主管理,对于目前乡村社会权力有必要协助政府完成的一些政务,可以通过政府购买的方式完成。

二是增强乡村社会组织的利益整合与利益表达功能。从理论上来讲,乡村社会组织由乡村社区居民为了维护和实现自身利益而自发组成。它理应成为组织成员整体利益的代表,而且通过对组织成员利益的维护与实现,社会组织会获得公共权威性与治理合法性。从现实角度来看,基层社会组织主要由农村社区居民组成,与广大乡村社会民众接触最为直接,对乡村居民的生产生活需求最为了解。它们所获取的信息更具有真实性与时效性,如果基层社会组织能够有效地将其所代表的集体利益进行整合与表达,将更有利于资源的优化配置,实现服务的有效性。

三是增强乡村社会权力对国家权力的制衡与监督。由于国家权力的强势性及社会权力的弱势性,为了保障乡村社会自治组织的独立性,使社会组织具有防范基层政权非理性扩张的方法与手段。现代化的信息传媒为实现社会权力对国家权力的监督与制约提供了极大的便利条件,广泛的信息媒体不仅快速地将国家法规政策信息扩散到广大农村,提高农村居民的法制观念,而且通过媒体对农村社会生活的反映可以获得社会各界的广泛关注,从而形成声势浩大的民间监督力量,促使基层行政权力在制度内行使治理权力。

二、结构:党委领导、政府负责、协同共治

(一)党委领导:提升农村基层党组织的领导力

深化对"党委领导"的认识与理解。在乡村治理中坚持党的领导,不能将领导简单理解为党组织对基层社会施行全面控制和包办。"如果用政党逻辑去压制基层治理逻辑,不但不能加强党的领导,而且还会造成基层对党组织信任度的降低,损害党的基层力量,从而削弱党的领导。"[1]为此,党对基层的领导不应过分依赖权力,而应尽量通过非权力手段(思想政治工作、组织发动党员和群众及各界社会力量)来进行实现。从宏观层面来看,必须处理好三个方面的关系:"处理好'领导'与'管理'的关系——要注重党委价值和方向的引领,避免'包办一切';处理好组织群众与服务群众的关系——不能以服务群众代替组织群众,要调动群众参与社会治理的积极性;处理好党的领导与社会共治的关系——以党建带动共建,提升其他社会主体的治理能力"[2]。从具体引领方式来看,也要克服"就党建论党建",避免党建空转、虚转,要"重新将党的建设放置在整个国家治理或基层治理体系中,以重塑党在国家

① 叶本乾:万芹:《新时代党建引领城市基层治理的逻辑契合和路径选择》,《党政研究》,2018年第6期。

② 肖剑忠:《社区党建引领社区治理何以可能——北仑区大碶街道学苑社区城市基层党建品牌"红立方"调查研究》,《中共杭州市委党校学报》,2017年第5期。

治理或社区治理中的结构性位置。"①这就要求党建从"唱戏"向"搭台"转变，与时俱进地推进党领导方式的转变，在"一核多元"的格局中正确处理好一元与多元的关系。作为领导核心的党组织，注重发挥价值引领和方向把关，坚守社会主义发展方向和以人民为中心的价值导向，保证基层治理方向不偏，重在充分发挥党组织的政治引领力；而基层治理中的职能部门、街道社区、社会组织、辖区单位等是重要治理力量，在具体落实政策、推动执法、提供服务等方面发挥具体作用，党组织和这些治理力量形成一种互构共生关系。

一是提升基层党组织的政治领导力，引领基层治理正确方向。农村基层党组织是党在农村工作的基础，是贯彻落实党的方针政策、推进农村改革发展的战斗堡垒，是贯彻落实乡村振兴战略的核心力量。特别是党的十八大以来，以习近平同志为核心的党中央高度重视农村基层党建工作，强调无论农村经济社会结构如何变化，无论各类社会经济组织如何发育成长，农村基层党组织的领导地位不能动摇、战斗堡垒作用不能削弱，要从巩固党的执政基础的高度出发，坚持问题导向，进一步加强农村基层党组织建设，为农村改革发展稳定提供有力保障。2015 年 6 月，全国农村基层党建工作座谈会召开，会议指出，做好"三农"工作关键在农村基层党组织，要始终坚持农村基层党组织领导核心地位不动摇。提升农村基层党组织政治引领力，首先在于方向引领，确保乡村治理的方向沿着中国特色社会主义道路前进，确保党的路线方针政策在农村落地生根，扎实推进乡村振兴，确保党在农村坚实的执政根基。在明确基层党组织和各类组织的领导与被领导关系的基础上，进一步提高制度执行力，通过治理资源下沉，增强基层党组织在推动发展、化解矛盾等方面的权力、资源、能力，壮大队伍。

---

① 戚玉、徐选国：《从政社关系到党建引领：理解社区治理的范式转化与经验嬗变——基于对上海沪街的实证研究》，《学习论坛》，2020 年第 2 期。

二是增强基层党组织的组织凝聚力。创新完善农村基层党组织设置,坚持与经济社会结构相契合,优化基层组织设置,针对跨村的经济合作组织、农业合作社等,创新设置组织形式,推动党的组织结构与经济社会发展结构有效融合,以党建引领助推经济社会发展,实现党的领导在基层社会扎根做实。选好用好农村基层党组织带头人,坚持突出政治标准,选用一批对党忠诚、能力过硬、敢于担当的基层带头人。从严加强农村党员队伍建设,持续整顿软弱涣散的党组织,加大基层基础保障力度、积极推动农村发展和改革民生等。通过抓好农村基层党建,激发干部群众精气神,为农村改革发展增添动力。

三是提高农村党组织建设质量。2019 年 1 月,中共中央印发了《中国共产党农村基层组织工作条例》,为加强新时代党的农村基层组织建设提供了基本遵循。全面提高新时代党的农村基层组织建设质量,要坚持以习近平新时代中国特色社会主义思想为指导,贯彻落实党的二十大精神,坚持和加强党的全面领导,坚持党要管党、全面从严治党;要紧紧围绕"三农"工作大局,按照党中央关于新时代"三农"工作的重大决策部署,聚焦抓党建促脱贫攻坚、促乡村振兴,就农村基层党组织在组织党员、群众完成中心任务中提升组织力、强化政治功能,在不断增强群众获得感幸福感安全感中提高威信、提升影响力,进行制度设计,提出明确要求;要突出问题导向,重点解决一些农村基层党组织弱化、虚化、边缘化,带头人素质不高、能力不强,党员先锋模范作用不明显,农村基层党建主体责任不落实、保障不力等问题。总之,新时代做好农村基层党建,要坚持和加强党对农村工作的全面领导,全面提升农村基层党组织建设质量,为打赢脱贫攻坚战、深入实施乡村振兴战略提供坚强保障,推动全面从严治党向基层延伸,巩固党在农村的执政基础。

四是坚持问题导向,增强基层党组织解决新问题的能力。当前农村出现了新情况新变化,新型工业化、信息化、城镇化、农业现代化同步推进,给农村基层党建带来许多新课题。比如,农村组织形式日益多样,新型农民合作组织、集体经济组织、农业企业以及各类社会组织、服务组织大量涌现,如何有效做好引导和协调工作,对农村基层党组织的领导能力提出了更高要求。比如,农村社会阶层更加多元,现在农民既有从事农业生产的,也有的成了产业工人和个体工商户,还有的成了私营企业主,如何处理好各种利益关系和利益诉求,对农村基层党组织提出了更高要求。比如,农村人口流动更加频繁,活跃在城乡之间的农民工已达 2.7 亿,其中不少是党员,如何做好流动人口、流动党员的管理服务工作,这是基层党组织急需解决的问题。从农村基层党组织自身状况看,总体上是坚强的、有战斗力的,但同时也还存在不少突出问题,有的村党组织软弱涣散,有组织没力量,有的连正常的活动都难以开展,有的村党组织带头人素质不高、能力不强,有的村两委关系不协调,有的村级经济发展落后,有的基层干部作风不正,有的农村党员长期游离于组织之外,这些问题严重制约着农村基层党组织领导作用的发挥,影响着党的农村政策的落实,必须下大力气解决。

(二)政府负责:提升乡镇政府治理能力

在"悬浮化"的情况下,乡镇政府是否还有必要存在? 对于取消农业税后乡镇政府的财政困境与职能虚化,学界在理论上对乡镇政权组织是"调试"还是"消亡"展开了讨论,主要有以下三种具有代表性的观点:一是主张取消乡镇政府的国家(政权)属性,推动国家行政权力退出乡村,将乡镇作为自下而上产生的社会自治组织,实行"乡镇自治"。二是主张通过简化行政管理权力,国家权力从乡村社会适度撤离,虚化乡镇政府的职能,把县级政府作为国家在农村的基层政府,而乡镇政府逐步变为县级政府的派出机构——乡(镇)公所,实行"县政、乡派、村治"。三是主张继续保留乡镇政权,并通过改革乡镇政府的权力运行模式加强乡镇政府职能,将它建设成为一级职能完备、运转有序的基层政府组织。此后,随着国家大力推进新农村建设、脱贫攻坚、乡村振兴,不仅大量的政策、资源进入乡村,在现代化冲击下乡村社会内部也发生着巨大的变化。无论从理论研究还是在政治实践中都肯定了新形势下乡镇政府存在的价值。据统计,截至 2012 年,中国有县(市)级机构 2852 个,乡(镇)机构 40446 个,村级机构 72 万多个,平均每个县领导 14 个乡镇,每个乡镇领导 17 个行政村,而由县直接领导的行政村则为 250 多个。2022 年,县级区划数为 2843 个,乡镇级区划数为 38602 个。[①]如果由县直接领导村,服务半径过大,容易在广大农村地区形成行政真空。"在新一轮农村综合改革中,乡镇体制改革占有重要的地位,是国家维持和改善乡村社会常规性体制力量存在形式的必要手段。通过行之有效的体制改革,国家寄希望于乡镇政权能够在新农村建设中发挥重要的领导和服务功能,开启新时期农村改革的新航程。"[②]为此,既然乡镇政府还有存在的必要性,那么问题的关键就是通过改革解决乡镇"悬浮化"的问题,推进乡镇职能转变,提升乡镇政府的治理能力。

乡镇政府职能转向何处?随着国家与农民的关系由"汲取"转为"给予",农村基层政府的职能将由管治转为服务,为农民和农村发展提供基本公共服务将成为乡镇政府的主要职能。2005 年 12 月中央农村工作会议提出,要加强乡镇政府在乡村中的社会管理和公共服务职能。2009 年中共中央办公厅、国务院办公厅联合下发了《中央机构编制委员会办公室关于深化乡镇机构改革的指导意见》(以下简称《意见》),将乡镇机构的四项职能表述为,促进经济发展、增加农民收入,强化公共服务、着力改善民生,加强社会管理、

---

① 中华人民共和国统计局网:http://data.stats.gov.cn/workspace/index? a=q&type=simple&dimension=zb&dbcode=hgnd&m=hgnd&code=A0101。

② 赵晓峰:《"调适"还是"消亡"———后税费时代乡镇政权的走向探析》,《人文杂志》,2009 年第 2 期。

维护农村稳定,推进基层民主、促进农村和谐。在《意见》指导下启动了以转变政府职能为核心的新一轮乡镇机构改革,具体改革措施有,理顺职责关系,创新体制机制,优化机构和岗位设置,严格控制人员编制,推动乡镇行政管理与基层群众自治有效衔接和良性互动,建立精干高效的乡镇行政管理体制和运行机制。

乡镇职能如何实现从管治向服务的转变?乡镇职能虽然从制度设计和机构改革上完成了转变,但在实际落实中还需要相关制度改革的密切配合,以提升乡镇的治理能力。这就形成了党的十八大以后治理中心下沉的系列改革。"十四五"规划在加强和创新社会治理的部署中提出"推动社会治理重心向基层下移",并具体指出治理重心下移的方式,包括向基层放权赋能、减轻基层特别是村级组织负担、加强城乡服务体系建设与治理队伍建设。党的十九大报告提出,"加强社区治理体系建设,推动社会治理重心向基层下移,发挥社会组织作用,实现政府治理和社会调节、居民自治良性互动"。推动治理中心向基层下移是保障基层解决基层问题、有效回应群众需求的责任、资本和能力,进一步释放治理效能的举措。狭义的理解,治理重心下移最主要的是指向基层扩充人员、权力、资源,以纵向政府间的层级关系体现得最为显著[1],国家通过四种措施,即向基层"派人""放权""送物""下指令"把社会治理的人才、责任、资源、规则等下移到基层,构建以基层为重心的治理结构,以实现更好的服务与管理。"人才下派"是指,国家通过驻村干部制的方式从党政机关、国有企业、事业单位选派优秀干部、工作队嵌入基层,实现对基层的人才支持。"责任下放"是指,国家依托目标责任制将治理任务下放至基层,通过任务分解、压力舒缓、奖惩管理机制,确保完成相关任务。"资源下沉"是指,国家以项目制的方式向基层输入财政资源,各级政府通过"项目资

---

[1] 张贤明、张力伟:《国家纵向治理体系现代化:结构、过程与功能》,《政治学研究》,2021年第6期。

金"下拨资源,提高基层的公共物品供给水平。"规则下达"是指,国家制定详细的规则制度、运行程序,压缩一些干部异化行为的操作空间,加强过程管理,使贪污腐败、滥用职权等现象有所减少。①

(三)协同共治:完善乡村协同治理机制

乡村治理关系具体表现为纵向的乡村关系、横向的农村两委关系,以及与外在各类经济组织、社会组织、公众的关系。从治理内在结构来看,重在推进乡村协同治理机制建设与完善。

1.以民主合作推动乡村协同治理

乡镇政府通过压力型体制将行政任务传递到村组织,通过经济控制、感情运作等策略化方式进行干预和影响,从而导致乡村关系的扭曲与异化。为此,以民主合作关系取代单纯的政治施压,规范乡村关系推进协同治理。民主合作体制的基本特征就是:"政府将受到人民的民主监督;人民的事由人民自己来办,地方的事由各地人民来办,以实现政府和人民的合作、中央和地方的合作。"②民主合作型体制与压力型体制的差异在于:①在民主的合作型体制中,各级地方政府促进本地经济和社会发展的压力和动力既来自上级政府,又来自当地民众,地方政府既对上负责也对下负责。②民主合作体制以分工明确、权责统一为原则,为合作创造条件。③民主合作体制是一种参与各方收益共享的体制。③可见,民主合作的核心要义在于强调人民在社会治理中的主体性地位,社会发展的动力来自人民,社会发展依靠人民,并最终由人民共享发展成果。以民主合作机制改善乡村关系,就是要将压力型

---

① 林星:《乡村社会治理的现代化转型:基于结构、方式、目标的分析》,《科学社会主义》,2023年第4期。

② 荣敬本等:《从压力型体制向民主合作体制的转变》,中央编译出版社,1998年,第83页。

③ 荣敬本等:《从压力型体制向民主合作体制的转变》,中央编译出版社,1998年,第82~90页。

体制下乡镇政府与村级组织之间类似于上下级的关系转变为协同治理的关系,更加突出和发挥村支部的利益整合作用和村民自治的民主作用,以及农村居民在乡村治理中的主体地位。

第一,增强村级组织的利益整合功能与利益诉求表达功能。民主合作机制首先要求改变压力型体制下只对上负责而忽视下级需求的状态,强调既对上负责也对下负责,这就需要村级组织能够真实有效地反映农村居民的利益诉求,并将这些诉求进行整合向上传递给乡镇政府,这样才能保证乡镇政府提供的公共服务更好地满足居民需求。第二,明确行政事务与自治事务边界,避免村级组织过度行政化。政务与村务具有不同的性质,政务体现的是政府的意志和利益,而村务则体现村民的意愿与利益,政务是政府依法管理本辖区事务的活动,而村务属于村民的自治活动,以"权力清单"的方式来明确政务与村务边界,对于"权力清单"以外的事项,乡镇不得以行政命令要求群众自治组织予以协助,基层群众自治组织也有权拒绝协助工作。在明确权责的基础上,对于农村自治组织责任以外的公共服务,可以通过政府购买服务形式加以提供,防止村民委员会过度行政化与乡镇政府对村民选举的过度干预,推动乡村关系的良性互动。第三,推进乡镇与村级组织的利益连接,调动合作治理的积极性。

2.规范村"两委"关系

村"两委"的矛盾与冲突实质是民选权力与授权权力的合法性和权威性之争的问题,反映了我国现代化过程中对于民主与权威的价值平衡。无论是出于我国国情党情,还是从发展阶段考虑,农村社会的稳定至关重要,同时我们还要看到,随着现代化的发展,当民主观念越来越深入人心,民主越发成为政治合法性的重要来源。为此,践行全过程人民民主,必然要求重视村民自治的价值与作用,协调好村两委之间的关系。

第一,提升农村基层党组织引领能力。随着城乡一体化建设步伐的加快，农村社会的现代化转型，农村基层党组织需要适应乡村社会发展的需要。首先,基层党组织深化对于领导核心作用的认识,但领导不代表包揽,更不应排斥其他治理主体的作用。其次,在民主理念普遍发展的今天,党组织的政治功能必须以服务功能为依托,更精细地做好为民服务工作。服务群众是政党赢得民众认同与支持、提高其政治合法性的重要途径,农村基层党组织的服务功能应当建立良好的农村党群沟通机制,在农民科技培训、现代农业管理理念、科学文化素质、农民利益诉求和利益表达、培育农民民主意识和能力等方面提供优质服务。再次,提升基层党组织凝聚力。以党组织凝聚力的提升,更好地整合和发挥各类组织的优势与作用,引导人民群众贯彻党的决策部署、参与社会治理、推动改革发展。

第二,以民主理念引领村民自治发展。作为人民公社解体后弥补乡村政治真空而出现的村民自治制度,因其对于整合农民、稳定乡村社会秩序所具有的显著作用而受到政府重视,并在政府主导下在全国范围内迅速建立与发展。由于乡村社会内在自治基础尚比较薄弱,农民的民主参与意识程度不同,自治权在复杂的乡村权力结构中便常常处于弱势。加之村民自治组织过度行政化,异化为乡镇政府的"一条腿"。为此,推动村民自治发展,就要更多地以民主理念来指导村民自治的发展。当稳定与秩序已经成为乡村社会的常态,广大乡村社会也已被整合进入国家政治体制之中,若只是抱以求稳的理念,只会限制自治、民主的发展。托克维尔早在 19 世纪就预见了民主会成为一种不可抑制的发展趋势,而民主发展的庞大态势使得亨廷顿看到发展中国家在民主与秩序之间的艰难选择。村民自治与基层党组织的结合正是中国在民主与权威(秩序)之间做出的平衡。但随着现代化的推进,主动让渡空间、培育社会自治能力,既是减少治理成本的良选,也是走向现代性的重要标识。

第三,因地制宜地化解村"两委"矛盾。解决中国村"两委"的矛盾与冲突需要实现农村中的政党权威与民主自治之间的平衡。这一平衡状态并非适用于所有村庄的固定不变的普遍模式,而应当针对各个村庄的具体状况,因地制宜地采取不同的平衡方式。对于自治意识较强的村庄应当更多维护党组织权威,将村庄中威望较高的精英吸收到党组织中来,提高党支部成员在村庄的权威性,使之在重要事务上能够发挥领导作用;对于村民自治意识弱的村庄,通过搞好民主选举、一事一议、村务监督等方式增强村民的民主意识,更多地激发民众积极性。

3.建立健全乡村协同共治机制

制度管根本、管长远。推动乡村系统共治,必须加强协作机制建设。遵循共治理念和善治目标,机制建设的基本原则为:

第一,以共同利益为连接,调动双方的积极性。协同治理机制首先能够有效调动治理主体各方进行沟通合作的意愿,只有具备了主动合作意识,才能克服困难走向协作。利益是积极性的根本性决定因素,为此,共治机制需综合考虑各方利益诉求。

第二,坚持常态化协作与灵活性协作相结合。即可以通过体制内的制度化、常态化的途径实现党政社民的互动合作。比如,乡镇人大会议、村干部参加的乡镇例会与乡镇部门会议、乡镇政府组成工作组或下派驻村干部协助村委会处理村务、政府工作人员下基层等。这些协同机制以制度化、常态化、规范化为特点,有利于促进定期沟通互动。同时,这种体制内协同机制也存在一定的缺陷,例如两者之间的交流合作受到固定化的时间、空间与人员等因素的限制,这些活动大多由政府安排实施,村级组织被动接受,甚至有时会造成"走过场"的形式主义,导致村干部参与积极性不高。为此,乡村社会情况的复杂性与多变性,既需要制度化的定期沟通协调机制,也需要灵活的民主协商方式。灵活多样的民主协商方式主要是指通过一些非官方的活动来协调利益、化解纠纷等,此种方式不受相关制度程序的限制,可根据乡情民俗和村民参与喜好,尊重群众首创精神,因地制宜选择恰当的协作治理方式,典型的如"枫桥经验",坚持"小事不出村、大事不出镇、矛盾不上交",就地化解基层矛盾,推进社会和谐稳定。

第三,更加注重调动村自治组织、社会组织、公众参与治理的积极性。因为从秩序与活力的程度来看,往往是秩序有余而活力不足,加之各类治理载体大多以政府主导建立,为此,激发其他主体的参与积极性,才能够真正形成协同共治。与公权力组织相比,社会组织常常处于弱势地位,国家权力具有较高的公共权威、更严密的组织结构及强制性执行手段,在两者关系中国家权力更容易处于支配地位。为此,在协作治理机制的设计中应当更加注重保护社会组织的治理权益,有利于将乡村社会中的各类组织,如经济合作组织、爱好集结起来的组织等吸收到治理过程中来,真正倾听社情民意,集思广益,为解决乡村社会问题提供更多更好的解决方案。

4.合理引导公众的民主参与需求

实现民主与权威的平衡关键在于把握民主的发展程度。如果民主需求超出政治制度的承受范围,就会引发社会动乱,为此,民主的发展程度应当与社会经济发展、政治制度建设相适应。对于后发现代化国家而言,民主制度的建设应当在权威的引导下逐步进行,借助权威的力量在推动民主发展的同时对民主进行控制与修正,并通过制度性的安排使相互冲突的集团以协商来解决分歧,将有利于降低民主化过程的风险,增加民主政体的有效性和合法性,增强人民对民主政治的信心。[1]另一方面,可以通过低度竞争性选举实现民主与权威的平衡。"后发国家的权威政权通常需要通过某种形式的选举民主来为自己的合法性辩护"[2],而源于西方的竞争性民主选举是不适

① [日]猪口孝、[英]爱德华·纽曼、[美]约翰·基恩编:《变动中的民主》,林猛等译,吉林人民出版社,1999年,第67页。

② 叶长茂:《权威与民主平衡发展的重要价值及实现路径——基于后发国家和平转型的视角》,《宁夏社会科学》,2012年第7期。

合中国国情的,为此,进行低度竞争性选举可以成为一个平衡点。低度竞争性选举就是在执政党的党员候选人之间展开竞争，这种选举制度既满足选民的政治参与需求,提高了权威的民主合法性基础,又不改变执政者的执政地位,保证了选举的安全性与有序性,可以作为一种平衡民主与权威的选择。

三、方式:法治、德治、自治、智治融合

(一)法治与社会协同治理的内在契合

与社会管理相比,多元复合性是社会治理的一个重要特征。其中,在多样化的治理方法中,法治是实现社会治理协同性、民主性、精细化的基础与条件，是维护社会治理体系中政府—市场—社会—公民之间良性互动的多元共治格局的根本保证。事实上,在任何一个现代社会中,法治都是规范社会主体行为、调节社会利益关系、维持社会良好秩序的重器。发挥法治在社会协同治理中的作用,不仅能够有效提升社会治理的质量,还能在一定程度上降低社会治理的成本。

1.多元主体间的法治协同

社会治理是一个多元主体的复合,它包括在党委领导下的政府责任、社会协同和公众参与,即在社会治理中,充分发挥党、政府、市场、社会组织、公民等多元主体的综合作用。正如一些研究者所说,社会治理是指,"在执政党领导下,由政府组织主导,吸纳社会组织等多方面治理主体参与,对社会公共事务进行的治理活动。"①"社会治理不应是党政权力部门一个主体,而应

---

① 王浦劬:《国家治理、政府治理和社会治理的含义及其相互关系》,《国家行政学院学报》,2014 年第 3 期。

当形成党政部门和企事业单位、社会组织、社区居民多元治理的格局。"①社会治理主体的这种多元复合特征,一方面对于激发社会活力,综合利用多方力量与优势进行综合治理、系统治理具有积极作用,但另一方面社会治理主体的多元博弈、多向互动,也使得社会治理比以往的社会管理变得更加复杂,其中的利益关系也更难处理。比如,政党与政府之间,在"广义的政府"语境下,在党政分工不分开的条件下,如何既确保党的领导权,又充分发挥政府的主导权,如何划分政党与政府的分管领域和权责清单;在政府主导的条件下,如何避免"一管就死,一放就乱"的"治乱循环"怪圈,形成政府与市场、社会的平衡机制;在"党管一切"的政治原则之下,如何在做好社会组织、非公组织等的党建工作,保障党的政治核心地位,保障社会发展方向不偏、稳步前进的前提下,发挥社会组织的独特优势,激发社会创造活力,等等,这些问题都需要在社会法治的框架中进行规制与规范。换言之,社会治理是多元参与主体运用多种手段共同规范、协调和服务社会公共事务的过程。这样一个复合过程需要协同才能达成合作,才能形成治理合力。而协同与合作必然需要以法治作为基础和保障,这样才能形成制度化、可持续的协同治理关系和高效的治理结果。为此,要"形成科学有效的社会治理体制,确保社会既充满活力又和谐有序"的目标,必须依靠法治。

2.民主参与中的法治协同

社会治理的民主性特征,也要求法治应该在社会治理当中发挥更大的作用。现代社会治理吸纳了多元主体的参与,权力自上而下的管理特性逐渐淡化,等级式权威结构也逐渐弱化,呈现出权力去中心化的特征,取而代之的是一种具有复合性特征的多中心结构方式。这使得社会治理凸显出民主性特征。这种民主性一方面弱化了绝对的权力,拉平了权力的等级,但同时,

---

① 俞可平:《社会自治与社会治理现代化》,《社会政策研究》,2016 年第 1 期。

也给社会治理带来一系列问题。因为各主体之间的关系,不再是传统社会中的管理与被管理的关系,而是强调多元主体之间的互动、协同、合作与互补。在这种情况下,传统意义上的政策等行政协调手段与机制就很难再有效协调各方行为了,取而代之的是以系统、规范、稳定为特性的法治方式进行协同。而且,作为国家治理体系的有机组成部分,社会治理的协调机制与政府治理、市场治理有着明显的不同。一般来讲,政府治理以权力、权威为基础,更多强调强制性;市场治理则以等价交换、竞争机制为基础,更多强调市场规律。相比较而言,社会治理则更强调自愿、自治、自律,强调公共利益和社会秩序的有机统一,这也正是激发社会活力与创造力的主要途径。但目前来看,在社会治理过程中尽管在形式上体现了多元主体之间的平等协商地位,但在具体的社会组织参与治理过程中,依然存在社会组织权威性弱、地位低的问题。为此,要保障好社会组织的自治权利,维护和实现好各主体的利益表达机制,促进多元主体协同治理的平等性,就需要通过法律加以保障,使各主体以法治方式行事,从根本上实现社会治理所强调的民主性与协作性。 另外,社会治理意味着民主参与,在此过程中,如何避免治理主体滥用民主权力谋求自身利益也是一个需要认真思考的问题。一般来说,在社会治理的民主决策过程中,涉及主体自身利益时,容易出现参与主体运用民主的手段为自身谋利益的现象,如果没有法治规范作为保障,民主治理的过程,就会出现多数暴政,或者使得正确的决策很难通过,或者是已通过的正确决策很难得到执行。这时就需要法治提供一个基本的规则,人们在利益关系不明朗的情况下,平等地通过理性制定规则,为自己未来的行为提供依据,以便避免民主过程中的各种弊端,保障参与社会治理的各主体依法行使自己的权力和反映自己的利益诉求。总之,社会治理体系是一个多元参与的治理体系,只有依靠法治,才能为多元主体提供行为底线和准则,才能保障各主体在利益诉求的表达中渠道畅通,以便各个参与主体在相互沟通交流和协商一致的条件下达成社会共识。

3.精细化治理中的法治协同

党的十八届五中全会提出了"加强和创新社会治理,推进社会治理精细化,构筑全民共建共享的社会治理格局"的新思路、新目标。从在"国家治理体系和治理能力现代化"背景下提出的"社会治理理念",到"全面依法治国"战略指导下提出"提高社会治理法治化水平",再到在"新发展理念"下提出"推进社会治理精细化",我国对于社会治理的要求逐步提高,对于社会治理的目标、方式方法、实现路径的指向性更加明确。这种科学化、专业化、精细化的思想理念,可以进一步创新社会治理方式,降低行政成本,进而提升社会治理和公共服务供给的有效性和灵活度。从当前来看,要实现社会治理的精细化必须解决好两方面的问题:

一是改变粗放式管理过程中存在的 "差不多""马马虎虎""大概也许可能"等思维方式,以及由此导致的社会治理标准化程度低、群众工作不到位、社会事业服务表面化等一系列问题[1];二是按照现代国家的目标要求,推动政府职能的深度转变和执政理念的更新,使其从传统的推动市场经济主角的角色向改善民生和公共服务的方面转变,重构政府之间、政区之间、政社之间的合作治理机制,建立健全一套行之有效的社会治理制度和规则,进而促进社会分工的专业化、运行的规范化、协作的无缝化与治理的高效化,为实现精细化治理奠定基础。

从这两个问题来看,无论是旧问题的革除还是新秩序的建立,都需要通过法律的权威进行规制,既需要通过严格执法与加大违法惩处力度,杜绝粗放式问题的产生,也需要通过制定新法,健全中国特色的社会治理法律体制和行为规范等,有破有立,破立结合,促进社会从粗放式管理向精细化治理

---

① 汤兆云:《社会治理精细化的实现路径》,《光明日报》,2016 年 1 月 13 日。

的转变。

(二)法治在社会协同治理中的运用

作为推动社会治理的基础规范、协调方法和根本保障,法治既体现于立法、制度和规范层面,也体现于思想和文化层面,其要义在于规范、协调、激发社会治理中多元主体的积极性和创造性。基于社会治理主体的多元复合性,法治对不同的权力主体有着不同的要求。

1.法治对公共权力组织的约束

在社会治理的基本主体中,党委是权力的核心,发挥着"总揽全局、协调各方"的重要职能;政府是具体政策的制定者与实施者,掌握着社会资源配置与分配的权力,同时也是社会协同治理的主导者。从本质上讲,党委和政府都是公共权力组织。在我国当前从社会管理向社会治理转变的过程中,公共权力的组织管理依然存在惯性,而在社会组织的治理功能尚未发育成熟的条件下,社会治理能否有效推进,在很大程度上仍然取决于权力机关的限权和让权。而对权力的限制必然要求以法治规则作为基石,运用法治来规范权力组织的行为,也就是人们通常所说的,"把权力关进制度的笼子里"。比如,作为权力核心的党委虽然是领导,但是党必须在宪法和法律的范围内活动,同时作为方向性领导,党委必须善于运用法治思维,回应社会发展中的种种问题,善于运用法治方法把社会治理难题转化为执法司法问题加以解决。政府虽然拥有行政权力,但是在社会协同治理过程中,必须转变以行政干预为主导的政府全能型治理模式,原因如同一些研究者所分析的那样:"经济与社会环境已经发生结构性变化,政府的单一主体的单一治理模式如不做出适应性调整,就会造成政府与市场、与社会的权利边界不清,最终只会加剧公共权力和社会权力之间的矛盾,妨碍社会发展和社会进步。"①因此,政府的权力不能任性,需要根据新时期社会治理的需求转变治理理念,适应权力去中心化的发展趋势,让市场在资源配置中起决定性作用,让社会自治组织积极参与到社会治理中,强化社会对行政权力的制约和监督,促进社会的良性运行。

2.法治对自治组织的规范

在不同的治理主体中,社会自治组织②更能体现出社会治理的创造性和社会活力。正如学者指出:"社会自治是社会民主的实质性内容,也是社会治理现代化的必然趋势。没有发达的社会自治,就没有高度发达的社会民主,也难以实现社会治理的现代化。"③以前,我们存在"谈社会组织色变"的现象,把它看成造成社会不稳定的一个因素。但社会实践的发展表明,社会组织不仅是对政府职能缺位的补充,同时也是社会历史发展的产物,其综合效应的发挥,不仅可以弥补政府职能之不足,而且社会组织的成熟化发展也会更加有利于促进政府职能的转换,关键在于对社会组织的发展进行鼓励与引导。因此,以法治规范社会自治组织,首先在于增强社会自治程度,推动社会组织基本法的制定,改变传统的管理方式和浓厚的行政色彩,切实维护社会自治组织的自治性和主体性,保障参与社会治理的各主体依法行使自己的权力和反映自己的利益诉求,使社会治理真正成为全社会参与的治理,提升社会自治组织的合法性与权威性。同时,从社会治理的含义层面来看,"社会治理在实体意义上意味着社会组织自身的发展情况,同时也意味着社会组织参与社会管理和治理的结构性的元素"④。也就是说,社会治理对社会自

---

① 周庆智:《基层社会自治与社会治理现代转型》,《政治学研究》,2016 年第 4 期。
② 包括非政府组织(NGO)、非营利组织(NPO)、社区、村委会等。
③ 俞可平:《社会自治与社会治理现代化》,《社会政策研究》,2016 年第 1 期。
④ 毛寿龙、李锐:《社会治理与社会政策的秩序维度》,《中国行政管理》,2017 年第 4 期。

治组织的要求既包括其参与能力,同时还包括自身的建设与完善能力。

党的十八届四中全会公报中指出:"深化基层组织和部门、行业依法治理,支持各类社会主体自我约束、自我管理,发挥市民公约、乡规民约、行业规章、团体章程等社会规范在社会治理中的积极作用。"①因此,以法治规范社会自治组织,还体现为通过法治解决自治组织间因在利益和权力边界方面的交叉或不明确而引起的矛盾与冲突,规制随着社会组织的不断涌现而产生的一些社会组织身份复杂化、盈利化、寻租腐败等问题,这既需要注重政府有关部门依法履行监督职责,同时也应当重视行业规章、团体章程等自治规则在监督中的规约作用,将社会自治组织纳入国家法治体系,以法治思维引导社会组织健康发展。

3.法治对现代公民主体性的培育

法律的权威源自人民的内心拥护和真诚信仰。依法推进社会治理,最根本的是形成一种政府管理与社会自治良好结合的"善治"。社会自治的主体是广大公民,社会自治的水平与程度是直接由公民的政治素质和参政能力所决定的,提高社会自治能力,归根结底还是要增强广大公民的民主法治意识和权利责任意识,形成依法参与治理、依法进行自治、提高参与治理的主动性、能动性和责任感的局面。但从现实来看,正如有的学者指出:"人们对参与政府决策的进程和公共服务的供给的关注还很不足,主体性价值思维还未自觉澄明,对超越个人功利承担公共责任的精神态度还不成熟。"②公民主体性价值思维的形成来自参与社会治理的实践,也即公民参与政府决策过程和公共服务的供给,同时也成长于公共理性的教育中,在于培养能够主动以公共利益为依归的成熟自律的现代公民。因此,以法治培育公民主体性意识和思维,一方面在于有序推进公民参与公共决策,推动公共决策法治化

---

① 《中共中央关于全面推进依法治国若干重大问题的决定》,人民出版社,2014年,第24页。

② 陈思、凌新:《社会治理精细化背景下社会组织效能提升研究》,《理论月刊》,2017年第1期。

和透明化。"政府的公共决策往往涉及社会各阶层的利益,应当体现社会多数人的意志,保障并致力实现多数人的利益。与之相对应,公共决策法治化的核心价值就在于保障公民权利的实现和约束公共权力的行使,其基础则在于构建广泛而深入的公民参与机制。"①另一方面在于以法治培养公民的"公共精神",激发公众参与意识,培育"公平正义"的社会价值,提升社会自我协调和自我管理能力。正如2014年习近平总书记在中央政法工作会议上强调:"要处理好维稳和维权的关系,要把群众合理合法的利益诉求解决好,完善对维护群众切身利益具有重大作用的制度,强化法律在化解矛盾中的权威地位,使群众由衷感到权益受到了公平对待、利益得到了有效维护。"随着改革的深入和社会的转型,在不同利益群体的利益格局发生深刻调整的情况下,面对错综复杂的社会关系和各种矛盾冲突,在化解与协调中要促使社会矛盾的解决从"策略维权""策略抗争"向"依法维权""依法抗争"转变,在维护好社会稳定和社会秩序的同时形成良性治理,在全社会树立起对法的信仰的良好社会风气。

　　综合而言,在社会治理领域坚持法治原则,是"坚持法治国家、法治政府、法治社会一体化建设"的一个必然选择。具体而言,在社会治理的各种主体中,不同的主体,其法治化的行为方式是不相同的。比如,党委要贯彻的是依法治国,其目标是法治国家;政府的行为基础是权力,法治对政府权力的基本要求就是依法行政;对于社会组织、社区则更多强调自治,其基本要求是法治社会;对于公民来讲,更应该强化其法治意识,培养守法的公民。总之,推动社会治理的法治化进程,需要社会治理的多元主体在法治精神引领下,以法治秩序的实现作为目标,用法治思维谋划社会治理的过程,用法治方式调节社会关系、解决社会问题,强化法律在化解社会矛盾中的权威地

---

① 陈荣卓、颜慧娟:《法治视域下的社会治理:区域实践与创新路径》,《江汉论坛》,2013年第12期。

位,最终在法治轨道上实现社会良治。

与社会管理相比,社会治理在主体、目标、模式、方法等各个方面都有着许多不同。就主体而言,社会管理强调政府作用的单一性,而治理侧重多元主体的复合性;就目标而言,社会管理注重秩序为先,治理强调的是活力与秩序并重;就方法而言,社会管理侧重的是动员、控制和政策引导,治理强调的是系统性和协调性;就模式而言,社会管理更注重自上而下,治理更强调主体间的多元互动。总之,在社会治理中,政府不再是管理的唯一主体,而是与社会组织、社区、公民等主体一道参与社会治理的主体之一。这一主体结构的变化,实际上是社会治理目标变化的一种反映。与此相适应,社会治理的模式不再是原来由政府到民众的管理,而是多元主体的协同治理,传统的动员、控制方式也逐渐被系统治理、依法治理、源头治理、综合施策等方式所取代。由社会管理向社会治理的这种发展演变过程,使得基于法治的社会协同治理成为必然和必要。在社会治理的诸种方式中,法治方式尤为重要。这是因为,社会治理主体多元性、民主性、精细化等特点,都要求基于法治建立起社会的协同治理。同时,社会治理的法治原则对参与社会治理的各个主体有着不同的要求,即贯彻法治原则,是法治国家、法治政府、法治社会一体化建设的必然选择。尽管如此,我们还是应该看到,中国目前仍然处于转型期,各种社会治理的事务不仅纷繁复杂,而且事务本身也处在不断地发展变化中。这为我们在社会治理领域运用法治原则提出了种种挑战。比如,面对多变的社会治理任务,如何增强法律的适应性;新时代的社会治理,应该有更多的创新,而创新有时意味着突破法律的界线,如何处理社会治理创新与法治保守性之间的关系,就显得格外重要。还有,在社会治理中,政策的应用可能会变窄,但传统的政策方式有其灵活性,如何更好地发挥政策的灵活性又避免法治的滞后性,也是社会治理创新的重要内容。一系列新的问题的产生,既为社会治理提出了新的挑战,也为社会治理内容的创新提供了契机。

(三)德治:发挥乡规民约的教化作用

德治,即以德治理,是用道德约束和评价社会成员行为的一种手段。主要通过榜样示范、道德礼仪、教化活动、制定乡规民约和宗族家法、舆论褒贬等形式达到约束效果。德治历来在乡村社会中发挥着十分重要的作用,因为在"皇权不下县"的乡村治理传统中,以及广大农村以血缘、地缘为纽带形成的"熟人社会",一直是以各种具有地方特色的乡俗民规为广大村民提供行为规范和约束规则。"这种力量一方面来自宗族长者的道德权威,另一方面则来自熟人社会人与人之间的道德约束,它甚至构成了传统乡村社会稳定的治理基础"①。乡规民约既是基层群众自治的规范,也体现着乡村基层社会的道德要求。通过乡规民约、道德规范等,引导农民向上向善、孝老爱亲、重义守信、勤俭持家。健全乡村治理体系,应注重乡土人情、道德规范的情感认同。"在乡村治理现代化推动原有的传统的乡土社会结构和体制转轨的背景下,乡规民约能以自身的韧性最大程度地弥补制度刚性所带来的缺陷,使得各行为主体不会因为制度的变迁而失去约束,从而保证乡村治理现代化制度建设始终处在以乡规民约为核心的非正式制度因素所制衡的、具有弹性和包容性的制度空间中。"②

新时代新征程,全面推进中国式现代化建设,弘扬中华优秀传统文化,继承并创造性转化、创新性发展沉淀在民族精神中的推己及人、行为适宜、遵守规矩、谨守本分、明辨是非、温和友善、诚实守信、忠国爱家等传统美德,培育和弘扬社会主义核心价值观,发展社会主义先进乡村文化,塑造与时代

---

① 桑玉成、孙琳:《论政治运行中的人伦关系与道德基础》,《南京师大学报》(社会科学版),2012年第3期。

② 冯麒颖:《乡村治理现代化中的正式制度与乡规民约:一种制度分析》,《中州学刊》,2023年第3期。

要求相适应的乡村道德规范。一方面,通过德治即乡规民约的形式,将法治的制度规定所蕴含的价值理念与精神内化为民众的道德认知,淘汰和祛除乡村落后的礼法观念,培育形成现代乡村社会文明。另一方面,推进合适的乡规民约纳入正式制度,加强德治与法治的相互融合,既增进法治的民意基础和社会认同,又能强化乡规民约的约束力和权威性,增进乡村社会秩序的稳定性。

(四)自治:以全过程人民民主理念推动村民自治发展

2021 年 10 月 13 日至 14 日,习近平在中央人大工作会议上指出:"民主不是装饰品,不是用来做摆设的,而是要用来解决人民需要解决的问题的。一个国家民主不民主,关键在于是不是真正做到了人民当家作主,要看人民有没有投票权,更要看人民有没有广泛参与权;要看人民在选举过程中得到了什么口头许诺,更要看选举后这些承诺实现了多少;要看制度和法律规定了什么样的政治程序和政治规则,更要看这些制度和法律是不是真正得到了执行;要看权力运行规则和程序是否民主,更要看权力是否真正受到人民监督和制约。如果人民只有在投票时被唤醒、投票后就进入休眠期,只有竞选时聆听天花乱坠的口号、竞选后就毫无发言权,只有拉票时受宠、选举后就被冷落,这样的民主不是真正的民主。"村民自治是全过程人民民主理念在我国基层社会的重要体现。民主选举、民主决策、民主管理、民主监督是村民自治的四个环节,也是实现村民自治民主价值的核心程序,体现了选举民主和监督民主、程序民主和实质民主的相统一。民主选举是村民自治的基础,民主决策和民主管理是手段,民主监督是保障,四者既相互独立又相互联系,构成一个完整的整体,共同保障村民行使民主权利、参与社区政治运作,体现了以程序保障民主的原则。为此,促进和完善村民自治制度建设,就要以"四个民主"为重点进行制度完善。

第一,完善法律建设,提高民主选举成效。民主选举是村民自治的民主基础,也是目前最能体现民主与自治精神的程序。在国家推动下,虽然大部分地区的村委会选举能够依法按时举行,但选举的成效却受到一定程度的质疑。基层政府组织的不当干预、选举程序的规范程度、宗族势力的影响、村民的体制外参与,以及贿选等因素都在不同程度上影响着农村基层民主选举的过程,致使选举结果不能真正体现民意,并最终导致农村选民对选举的冷漠与不参与。要解决民主选举问题,首先要从制度上对影响民主选举的诸多因素进行规范,对村民选举的各项流程做出详细而较为具体的规定。2013年5月2日,民政部印发了《村民委员会选举规程》,对村民选举委员会的产生、选举宣传、登记参加选举的村民、提名确定候选人、选举竞争、投票选举、选举后续工作、村民委员会成员的罢免和补选等内容均进行了较为详细具体的规定和要求。2018年12月29日,第十三届全国人民代表大会常务委员会第七次会议通过全国人民代表大会常务委员会关于修改《中华人民共和国村民委员会组织法》的决定,进一步完善了选举村民委员会的规定。法律规定制定之后重在执行。其次,规范选举行为与程序,增强村民选举的透明性。对于村民选举的民主价值而言,程序规范远比选举结果更具有意义,当选者是否基于民意产生要比当选者的条件和能力高低更重要,因为村民选举的实质在于选民是否能够按照自己的真实意愿行使民主选举权利。规范民主选举程序不仅可以杜绝政权组织、个人对选举过程的非法干预,还可以通过制度化的程序达到规范村民选举行为,进而使民主思维内化为农村公民的思想模式和行为准则的目的。加强基层民主选举程序的公开性,以公开提名、公开唱票、公开结果的方式,防止徇私舞弊,确保村民选举参与的公开性和公正性。

第二,强化"一事一议"民主治理程序。作为村级公共事业的主要议事程序,"一事一议"体现了民主决策与民主管理的理念,是村民自治的重要组成部分。为了鼓励"一事一议"民主治理程序在农村的推行,调动农民参与公益事业的积极性,国家制定了"一事一议"财政奖补政策,对于由议事规则做出的公共事业建设决定,国家按照一定的比例给予财政补贴与奖励。"一事一议"及其财政奖补政策的推行有效地缓解了农村公共产品供给问题,改善了农村基础设施和农村生产生活条件。但由于农村复杂的社会状况和制度的滞后性,"一事一议"民主治理程序在实际操作中仍然存在一些问题,如召集会议难度大,难以形成议事决议,所筹资金难以到位,资金管理不规范,操作程序不规范等诸多问题。要解决"一事一议"实践中的这些问题,发挥其民主决策与民主管理的作用,一方面仍然要高度重视宣传动员工作,使民主理念深入人心,激发和调动农民参与的积极性和主动性;另一方面要加强相关制度的规范性,健全"村两委"议事规则和决策程序,实行村级重大事项票决制,提高村级决策的规范化、制度化、科学化水平。如完善奖补制度,根据各村经济发展水平的不同因地制宜地制定奖补比例和数额;建立多元化资金筹集机制,探索财政奖补与自我发展相结合的村级公共事业建设新方法,逐步建立"财政奖补引导、群众筹资投劳、社会捐赠赞助"的多元化资金投入机制,共同推进村级公共事业建设;完善村级公益事业设施管护体制,按照"谁投资、谁受益、谁所有、谁养护"的原则,明确公益设施所有权,落实养护责任主体。

第三,创新村务公开和村治监督制度。村治监督体现了村民自治中民主监督的理念,而村务公开则既是保障民主监督的重要手段,也是乡村民众参与乡村治理的重要保障。随着政府财政对于"三农"投入的增加,加之电视、广播、互联网等现代传播手段的普及,农民越来越关注自身利益,对于有关支农资金、粮食补贴等问题的关注越来越高,对于村务公开、建立公正透明的收益分配机制要求也越来越迫切。但村务不公开、半公开甚至假公开的现象依然存在。为此,建立健全有效的村务公开制度对于保障农民知情权,将国家惠农政策落到实处具有重要意义。创新村务公开与村治监督制度在于三点:一是建立村务公开民主监管信息平台,综合运用互联网、广播、电视、手机等渠道,拓宽农民群众参与民主管理的平台。二是调动农民的积极性,突出其监管主体地位。创新村民自治制度就是要让农民从"幕后"走向"前台",从"局外"转入"局内",将农民满不满意作为检验村务公开效果的根本标准,增强农民参与监督管理的效能感,从而不断激发和调动农民参与乡村治理的主观积极性。三是强化监督检查。对于假公开、半公开等违规违纪现象,一旦发现,严肃处理,处罚形式不能仅仅停留在通报、口头批评等,而应与村级干部的工资等物质利益直接挂钩,通过惩戒的威慑作用以期达到村务的全面真实公开。

(五)智治:运用大数据信息化手段推进智慧治理

信息技术已经深入经济社会各个领域,与人们的日常生活和需求密不可分,要推进基层治理精细化、精准化,离不开信息技术的支撑。治理现代化以科学、规范、专业、精准为基本特征,这就要求现代治理中必须加快信息化建设,打破治理的碎片化状况,推进各主体之间的信息开放和共享,以提高治理的系统性和精细化,为民众提供更加专业和精准的公共服务。将信息平台融入基层治理,既可以更加精准有效地了解群众的现实需要和各种诉求,也有利于更加推进治理主体之间的信息互通和资源共享,可以说,信息化具有为精准识别社会问题提供数据支撑和调动最广泛力量参与社会治理的双重优势,有利于推动基层治理的精细化和现代化发展。

从近年来的实践探索来看,尤其是伴随着快速的信息化进程,传统的治理模式由于受时空限制,越来越难以适应复杂的治理需要,把互联网技术融入基层治理,打造"网络+网格""网络+自治""网络+社会组织"等共治模式,既可以更加精准有效地了解群众诉求,也可以更好地激发民众的参与活力,推动线上和线下相结合,提升治理的精准性和有效性。具体而言,将大数据和信息技术应用于社会治理,一方面,以网络信息技术为支撑,更加精准识别群众诉求和社会治理需求。在农村、社区建立民众需求数据库,根据民生保障、城区管理等类别对社会关注度高、影响面大的社会治理难题进行分类建库,定期对相关数据进行跟踪比较和对比分析、动态分析,更加精准地把握不同人员的需求,推进精准施策,提升社会治理的针对性和有效性。另一方面,运用互联网信息技术,建立农村社区的治理资源整合平台。坚持优势互补、各有所长的原则和多方出力、众人获益的原则,建立并完善可持续的治理资源整合机制,将农村社区的党群服务中心作为枢纽性整合平台,建立动态的可持续的服务供给机制,将各类组织、领袖骨干、服务项目、活动载体等纳入平台,并实时维护,发挥各自的长处和优势,及时有效对接社会治理需求,进而提升治理效能。

四、基础:现代乡村文明建设

乡村社会并非只是一个简单接受政府政策的被动系统,在乡村社会内部也会自发产生了一定的社会秩序,它与外在的政府政策相互作用,共同决定着乡村社会的发展。这种内生秩序就是乡村治理的内生基础,它由人、物、文化等多种因素构成,人的价值观念、人的能力素质、家庭结构、村庄舆论等都在不同程度上影响着乡村秩序的实现。在现代化的过程中,完善法律制度、改善科学技术的同时必须注重现代公民素质与社会文化的培养,只有内外兼修才能整体推进现代化进程。没有公民的积极参与和合作,最多只能是善政,而不会有善治。

我国社会正处于并将长期处于现代化过程中,"现代性孕育着稳定,而现代化则滋生动乱"①,在现代化过程中,现代性因素与传统因素同时存在并发生冲突,如果缺乏合理引导,不及时建立能够替代传统社会文化的新思想与新观念,将会导致个人价值观的混乱与社会文化的内在冲突。现代化过程归根到底是人的现代化,制度与技术可以在短期内实现突破与改善,但人的思想观念及社会文化的改变却是一个缓慢而长期的过程, 在人的现代化素质不能跟进技术、制度发展的情况下,就会产生现代化中的内在矛盾。美国学者英格尔斯深刻指出:"痛切的教训使一些人开始体会和领悟到, 那些完善的现代制度以及伴随而来的指导大纲、管理守则,本身是一些空的躯壳。如果一个国家的人们缺乏一种能赋予这些制度以真实生命力的广泛的现代心理基础,如果执行和运用着这些现代制度的人,自身还没有从心理、思想、态度和行为方式上都经历一个向现代化的转变, 失败和畸形发展的悲剧结局是不可避免的。再完美的现代制度和管理方式,再先进的技术工艺,也会在一群传统人的手中变成废纸一堆。"②

在乡村社会的治理过程中,我们引入了先进的民主制度,设计了村民选举、民主管理等多种实现民主的方式,并通过国家权力以政治任务的形式在全国范围内获得普遍推行,然而在运行过程中却屡屡遭遇贿选、家族势力、黑恶势力等因素的干扰,究其原因并非在于制度设计不够完美,而在于乡村社会内部缺乏实现现代民主的文化基础, 这种文化基础不是仅仅依靠政治的强制力就能形成,而是需要一个长期的内生过程。但如果缺乏内在的现代民主理念和文化文明,即使制度设计得再完美也只具有观赏价值。只有培养现代公民素质与社会文化,夯实乡村治理的内生基础,才能实现乡村社会的和谐与发展,这也正体现了"以人为本"的发展理念,人不仅仅是发展的资源

---

① [美]塞缪尔·P.亨廷顿:《变化社会中的政治秩序》,王冠华等译,生活·读书·新知三联书店,1989 年,第 38 页。

② [美]阿历克斯·英格尔斯等:《人的现代化》,殷陆君编译,四川人民出版社,1985 年,第 4 页。

与保障,也是社会发展的根本目的。

五、走向:乡村治理共同体

2019 年 1 月,习近平总书记在中央政法工作会议上提到要"打造人人有责、人人尽责的社会治理共同体"。2019 年 10 月,党的十九届四中全会再次强调:要完善党委领导、政府负责、民主协商、社会协同、公众参与、法治保障、科技支撑的社会治理体系,建设人人有责、人人尽责、人人享有的"社会治理共同体"。党的二十大报告提出,"健全共建共治共享的社会治理制度,提升社会治理效能""建设人人有责、人人尽责、人人享有的社会治理共同体"。"社会治理共同体"已经成为推进社会治理体系建设的目标。从"社会治理"到"社会治理共同体"的概念转换体现出,治理主体的涵盖范畴进一步扩大,治理关系更加密切,"肯定了社会治理中社会、公众与政府平等的主体地位,确立了以人民为中心的社会治理新理念"①。

"社会治理共同体"是将共同体理论融入社会治理领域。德国社会学家斐迪南·滕尼斯在其著作《共同体与社会》中对共同体进行了描述,共同体不再作为最高的形态而存在,而是从较小的单元(诸如家庭、家族、村社、城镇等)出发,是建立在血缘、地缘与情感等基础之上的,其生活形态呈现出较强的认同感和人情味。英国学者鲍曼在其著作《共同体》中认为,"共同体"是个体以付出自由为代价而希望获得享受的相互依靠的场所。马克思认为,"共同体"的自然形态是氏族社会,之后的国家便是一种基于地缘关系而建立的,有共同财产、共同行为规范、统一领袖,是相互援助、权利平等的政治共同体。"共同体"一直都是人类社会存在和发展的基本方式,不容忽视的是,

---

① 高晓波:《中国特色社会治理共同体的内涵、理论与构建》,《甘肃社会科学》,2021 年第 2 期。

"人们为之奋斗的一切,都同他们的利益有关"。可见,共同体是因基于共同需求、共同利益而相互依赖、密不可分的有机统一整体。社会治理共同体作为社会治理理论和共同体理论的融合,体现了各类治理主体围绕共同的治理目标,因公共利益联结而形成的相互依赖、密切关联的有机体。从本质上看,社会治理共同体是围绕公共利益最大化形成的"利益共同体",从治理目标的性质看也可称为"政治共同体"。

与社会治理相比,社会治理共同体表现出的特点有三,一是更加突出人民性,民众是社会治理的主体和实践者,也是社会治理成果的利益享有者,即"人人享有",体现了以人民为中心的社会公平正义的价值追求。二是更加注重责任共担,因为人人都处于社会中,既是社会发展的目的也是发展的动力,每个个体对治理共同体的整体福利和公共利益负有不可推卸的责任,为此更加注重公众的责任意识培养。三是更加注重参与治理的动力和能力,也就是"人人尽责"。乡村治理共同体就是为着农村社会公共利益最大化,政党、政府部门、市场、社会组织、乡贤能人、村干部,以及广大村民,围绕资源的生产、生活与公共事务的治理,以治理规则为依托,各尽其责、各展所长、协同联动、利益共享、风险共担、事务共管,充分释放协同共治的社会治理效能。对照乡村治理共同体的特点与构建要求,关键要从三个方面进行努力:一是公共责任意识的培养,二是规范成熟的共治机制、协作规则以及丰富的治理载体,三是以利益为连接,激发内在的治理动力。总之,乡村治理共同体是在中国共产党带领下通过实践摸索得出的、走向乡村治理现代化的"善治之路"。

参考文献

一、中文文献

（一）中文著作

［1］曹锦清：《黄河边的中国——一个学者对乡村社会的观察与思考》，上海文艺出版社，2000年。

［2］程漱兰：《中国农村发展：实践与理论》，中国人民大学出版社，1999年。

［3］陈锡文等：《中国农村制度变迁60年》，人民出版社，2009年。

［4］杜润生：《杜润生自述：中国农村体制改革重大决策纪实》，人民出版社，2005年。

［5］邓正来、［英］J.C.亚历山大编：《国家与市民社会：一种社会理论的研究路径》，中央编译出版社，2002年。

［6］邓伟根、向德平：《捍卫基层——海南"政经分离"体制下的村居自治》，华中科技大学出版社，2012年。

［7］戴玉琴:《村民自治的政治文化基础——苏北农村个案分析》,社会科学文献出版社,2007年。

［8］费孝通:《江村经济:中国农民的生活》,商务印书馆,2001年。

［9］郭正林:《中国农村权力结构》,中国社会科学出版社,2005年。

［10］何包钢、郎友兴:《寻找民主与权威的平衡——浙江省村民选举经验研究》,华中师范大学出版社,2002年。

［11］何包钢:《村民自治和民主理念》,华中师范大学出版社,2007年。

［12］黄宗智:《长江三角洲小农家庭与乡村发展》,中华书局,2000年。

［13］黄宗智:《华北的小农经济与社会变迁》,中华书局,1980年。

［14］黄卫平主编:《中国基层民主发展的最新突破——深圳市大鹏镇镇长选举制度改革的政治解读》,社会科学出版社,2000年。

［15］金太军、张劲松:《乡村改革与发展》,广东人民出版社,2008年。

［16］金太军:《村庄治理与权力结构》,广东人民出版社,2008年。

［17］《建国以来毛泽东文稿》(第十册),中央文献出版社,1989年。

［18］刘伯龙、竺乾威、程惕洁等:《当代中国农村公共政策研究》,复旦大学出版社,2005年。

［19］卢福营等:《冲突与协调——乡村治理中的博弈》,上海交通大学出版社,2006年。

［20］刘娅:《解体与重构:现代化进程中的"国家—乡村社会"》,中国社会科学出版社,2004年。

［21］时和兴:《关系、限度、制度:政治发展过程中的国家与社会》,北京大学出版社,1996年。

［22］《马克思恩格斯选集》(第一卷),人民出版社,1972年。

［23］毛丹:《一个村落共同体的变迁》,学林出版社,2000年。

［24］卜凯:《中国农家经济》,商务印书馆,1947年。

[25]彭真:《通过群众自治实行基层直接民主》,《彭真文选》,人民出版社,1991年。

[26]彭勃:《乡村治理:国家介入与体制选择》,中国社会出版社,2002年。

[27]荣敬本等:《从压力型体制向民主合作体制的转变:县乡两级政治体制改革》,中央编译出版社,1998年。

[28]《三中全会以来重要文献选编》(下),人民出版社,1982年。

[29]史为民、潘小娟等:《中国基层民主政治建设发展报告》,中国社会科学出版社,2008年。

[30]史卫民:《公选与直选:乡镇人大选举制度研究》,中国社会科学出版社,2000年。

[31]苏力:《送法下乡》,中国政法大学出版社,2002年。

[32]谭同学:《楚镇的站所——乡镇机构成长的政治生态考察》,中国社会科学出版社,2006年。

[33]温铁军:《"三农"冶问题与制度变迁》,中国经济出版社,2009年。

[34]万小艳等:《乡村治理与新农村建设——湖北秭归杨林桥社区建设与治理的实践探索》,知识产权出版社,2011年。

[35]吴毅:《村治变迁中的权威与秩序:20世纪川东双村的表达》,中国社会科学出版社,2002年。

[36]吴毅:《小镇喧嚣:一个乡镇政治运作的演绎与阐释》,生活·读书·新知三联书店,2007年。

[37]温铁军等:《解读苏南》,苏州大学出版社,2011年。

[38]王习明:《城乡统筹进程中的乡村治理变革研究》,人民出版社,2012年。

[39]王铭铭:《社区的历程:溪村汉人家族的个案研究》,天津人民山版

社,1996年。

[40]王圣诵:《县级政府管理模式创新探讨》,人民出版社,2006年。

[41]项继权:《集体经济背景下的乡村治理——南街、向高和方家泉村村治实证研究》,华中师范大学出版社,2002年。

[42]徐秀丽主编:《中国农村治理的历史与现状:以定县、邹平和江宁为例》,社会科学文献出版社,2004年。

[43]徐勇:《中国农村村民自治》,华中师范大学出版社,1997年。

[44]徐勇:《脆弱的小农能支撑得起一个农村的现代化体系吗?》,湖北人民出版社,2004年。

[45]徐勇、吴理财等:《走出"生之者寡,食之者众"的困境:县乡村治理体制反思与改革》,西北大学出版社,2004年。

[46]徐勇、项继权主编:《村民自治进程中的乡村关系》,华中师范大学出版社,2003年。

[47]《现代汉语词典》,吉林教育出版社,2008年。

[48]应星:《大河移民上访的故事》,生活·读书·新知三联书店,2001年。

[49]于语和主编:《村民自治法律制度研究》,天津社会科学出版社,2006年。

[50]袁银传:《小农意识与中国现代化》,武汉出版社,2000年。

[51]郁建兴等:《从行政推动到内源发展:中国农业农村的再出发》,北京师范大学出版社,2013年。

[52]于建嵘:《岳村政治:转型期中国乡村政治结构的变迁》,商务印书馆,2001年。

[53]于建嵘:《抗争性政治:中国政治社会学基本问题》,人民出版社,2010年。

[54]俞可平等:《中国公民社会的兴起与治理的变迁》,社会科学文献出

版社,2002年。

[55]袁金辉:《冲突与参与:中国乡村治理改革30年》,郑州大学出版社,2008年。

[56]杨之刚等:《财政分权理论与基层公共财政改革》,经济科学出版社,2006年。

[57]郑欣:《乡村政治中的博弈生存:华北农村村民上访研究》,中国社会科学出版社,2005年。

[58]赵树凯:《乡镇治理与政府制度化》,商务印书馆,2010年。

[59]张静:《基层政权:乡村制度诸问题》,上海人民出版社,2007年。

[60]张静主编:《国家与社会》,浙江人民出版社,1998年。

[61]张厚安、徐勇、项继权等:《中国农村村级治理——22个村的调查与比较》,华中师范大学出版社,2000年。

[62]张厚安、白益华主编:《中国农村基层建制的历史演变》,四川人民出版社,1992年。

[63]仝志辉:《村委会选举与乡村政治》,中国农业出版社,2006年。

[64]张厚安、白益华:《中国农村基层建制的历史演变》,四川人民出版社,1992年。

[65]中共中央文献研究室:《建国以来重要文献选编》(第4册),中央文献出版社,1993年。

[66]中华人民共和国国务院新闻办公室编:《2012年中国人权事业的进展》,人民出版社,2013年。

[67]《中国财政年鉴(2005)》,中国财政杂志社,2005年。

[68]周挺:《乡村治理与农村基层党组织建设》,知识产权出版社,2013年。

[69]赵树凯:《2004—2005年:中国农村经济形势分析与预测》,社会科

学文献出版社,2005 年。

(二)中文译著

[1][美]阿历克斯·英格尔斯等:《人的现代化》,殷陆君编译,四川人民出版社,1985 年。

[2][英]安东尼·吉登斯:《民族—国家与暴力》,胡宗泽等译,生活·读书·新知三联书店,1998 年。

[3][美]查尔斯·蒂利、西德尼·塔罗:《抗争政治》,李义中译,译林出版社,2010 年。

[4][美]道格拉斯·C.诺思:《经济史中的结构与变迁》,陈郁,罗华平等译,上海人民出版社,1994 年。

[5][美]杜赞奇:《文化、权力与国家——1900 到 1942 年的华北农村》,王福明译,江苏人民出版社,1995 年。

[6][美]弗朗西斯·福山:《国家构建:21 世纪的国家治理与世界秩序》,黄胜强,许铭原译,中国社会科学出版社,2007 年。

[7][美]弗里曼,毕克伟,赛尔登:《中国乡村:社会主义国家》,陶鹤山译,社会科学文献出版社,2002 年。

[8][美]费正清:《美国与中国》,张理京译,世界知识出版社,2001 年。

[9][德]黑格尔:《法哲学原理》,范扬、张企泰译,商务印书馆,1961 年。

[10][英]戴维·赫尔德:《民主的模式》,燕继荣等译,中央编译出版社,1998 年。

[11][美]罗伯特·A.达尔:《多元主义民主的困境——自治与控制》,尤正明译,求实出版社,1989 年。

[12][美]莱斯特·M.萨拉蒙:《公共服务中的伙伴——现代福利国家中政府与非营利组织的关系》,田凯译,商务印书馆,2008 年。

［13］［法］孟德斯鸠：《论法的精神》（上卷），许明龙译，商务印书馆，2010年。

［14］［美］塞缪尔·亨廷顿、琼·纳尔逊：《难以抉择——发展中国家的政治参与》，汪晓寿、吴志华、项继权译，华夏出版社，1989年。

［15］［美］萨缪尔·亨廷顿：《变革社会中的政治秩序》，李盛平等译，华夏出版社，1988年。

［16］［美］托克维尔：《旧制度与大革命》，冯棠译，商务印书馆，1992年。

［17］［英］亚当·斯密：《国民财富的性质和原因的研究》（下卷），郭大力等译，商务印书馆，1972年。

［18］［德］尤尔根·哈贝马斯：《交往与社会化》，张博树译，重庆出版社，1989年。

［19］［日］猪口孝、［英］爱德华·纽曼，［美］约翰·基恩：《变动中的民主》，林猛等译，吉林人民出版社，1999年。

［20］［美］詹姆斯·C. 斯科特：《农民的道义经济学：东南亚的反叛与生存》，程立显、刘建等译，译林出版社，2001年。

（三）论文集

［1］高健、佟德志主编：《基层民主》，天津人民出版社，2010年。

［2］陆留生、王剑锋，史卫民主编：《中国和谐社区：太仓模式——太仓市"政社互动"调研报告》，社会科学文献出版社，2012年。

［3］李昌平、董磊明主编：《税费改革背景下的乡镇体制研究》，湖北人民出版社，2004年。

［4］徐勇、徐增阳主编：《乡土民主的成长——村民自治20年研究集萃》，华中师范大学出版社，2007年。

［5］徐勇主编：《乡村治理与中国政治》，中国社会科学出版社，2003年。

[6]徐勇、吴毅主编:《乡土中国的民主选举——农村村民委员会选举研究文集》,华中师范大学出版社,2001年。

[7]俞可平主编:《治理与善治》,社会科学文献出版社,2000年。

[8]中国(海南)改革发展研究院编:《中国新农村建设:乡村治理与乡镇政府改革》,中国经济出版社,2006年。

(四)中文论文

[1][英]鲍勃·杰索普:《治理的兴起机器失败的风险:以经济发展为例的论述》,《国际社会科学(中文版)》1999年第2期。

[2]包先康等:《国家政权建构与乡村治理变迁》,《人文杂志》,2007年第6期。

[3]陈朋,齐卫平:《后农业税时代农民政治认同类型的实证分析》,《社会科学》,2008年第2期。

[4]陈柏峰:《从利益运作到感情运作:新农村建设时代的乡村关系》,《开发研究》,2007年第4期。

[5]陈永正,陈家泽:《论中国乡级财政》,《中国农村观察》,2004年第5期。

[6]丁冰:《新中国前30年生产建设的伟大成就》,《高校理论战线》,1999年第10期。

[7]党国英:《我国乡村治理改革回顾与展望》,《社会科学战线》,2008年第12期。

[8]党国英:《"村民自治"是民主政治的起点吗?》,《战略与管理》,1999年第1期。

[9]冯耀明:《村民自治实践中两委关系及冲突解决模式探析》,《北京行政学院学报》,2004年第5期。

[10]冯海发、李淮:《我国农业为工业化提供资金积累的数量研究》,《经济研究》,1993 年第 9 期。

[11]冯小双:《阅读和理解转型期中国乡村社会》,《社会学研究》,2002年第 1 期。

[12]郭正林:《中国农村二元权力结构论》,《广西民族学院学报(哲学社会科学版)》,2001 年第 6 期。

[13]郭正林:《乡村治理及其制度绩效评估:学理性案例分析》,《华中师范大学学报》(人文社会科学版),2004 年第 4 期。

[14]高健,油永华:《农业税费改革对农业经济增长影响的实证分析:1996—2010》,《天水行政学院学报》,2012 年第 5 期。

[15][英]格里·斯拖克:《作为理论的治理:五个论点》,《国际社会学》(中文版),1999 年第 2 期。

[16]纪程:《"国家政权建设"与中国乡村政治变迁》,《深圳大学学报》,2006 年第 1 期。

[17]贺雪峰:《乡村治理研究与村庄治理研究》,《地方财政研究》,2007年第3 期。

[18]贺雪峰等:《县乡村体制整体设计的基本原则及具体进路》,《江西社会科学》,2004 年第 1 期。

[19]贺雪峰、王习明:《论消极行政——兼论减轻农民负担的治本之策》,《浙江学刊》,2006 年第 2 期。

[20]贺雪峰:《论农村政策基础研究——对当前中国农村研究的反思及建议》,《学习与探索》,2004 年第 5 期。

[21]贺雪峰、董磊明、陈柏峰:《乡村治理研究的现状与前瞻》,《学习与实践》,2007 年第 8 期。

[22]贺雪峰:《农民行动逻辑与乡村治理的区域差异》,《开放时代》,2007

年第 1 期。

[23]贺雪峰、仝志辉:《村庄权力结构的三层分析——兼论选举后村级权力的合法性》,《中国社会科学》,2000 年第 1 期。

[24]贺雪峰:《村治研究的意义与方法》,《青海师大学报》(哲社版),1999 年第 2 期。

[25]贺雪峰:《税费改革的政治逻辑与治理逻辑》,《中国农业大学学报》(社会科学版),2008 年第 1 期。

[26]贺雪峰、吴毅、仝志辉:《村庄选举研究》,《江海学刊》,2001 年第 1 期。

[27]黄兴年:《乡村治理结构与债务规模膨胀的动态关系研究》,《济南大学学报》(社会科学版),2012 年第 6 期。

[28]何春海:《乡村关系研究的视野与路径——以甘肃省若干乡镇为例》,《兰州工业高等专科学校学报》,2010 年第 4 期。

[29]何包钢、王春光:《中国乡村协商民主:个案研究》,《社会学研究》,2007 年第 3 期。

[30]韩德胜、李娜:《村级"两委"一把手"一肩挑"面临的问题分析——对青岛即墨市"两委"交叉任职的调查分析》,《中共青岛市委党校青岛行政学院学报》,2010 年第 4 期。

[31]金太军:《推进乡镇改革的对策研究》,《中国行政管理》,2004 年第 10 期。

[32]金太军、董磊明:《村民自治研究的兴起与拓展》,《社会科学研究》,2000 年第 3 期。

[33]姜定军:《"乡财县管"利弊分析及改进建议》,《地方财政研究》,2005 年第 5 期。

[34]孔兆政、李佳泽:《"乡财县管"改革的公共治理效应与完善对策》,

《华东理工大学学报》(社会科学版),2011 年第 4 期。

[35]李芝兰、吴理财:《"倒逼"还是"反倒逼"——农村税费改革前后中央与地方之间的互动》,《社会学研究》,2005 年第 4 期。

[36]李小伟:《由政府主导到政府引导:农村社区建设的路径选择》,《社会科学家》,2010 年第 9 期。

[37]李昌平:《乡镇体制改革:变官本位为民本位》,《中国改革》(农村版),2004 年第 2 期。

[38]李伟:《乡村债务的现状及其对策——以四川达县为例》,《农村经济》,2008 年第 2 期。

[39]李忠桥:《中国乡村治理结构的研究综述》,《新西部》,2008 年第 24 期。

[40]李永忠:《取消农业税对乡镇财政的影响与现实出路》,《湖北社会科学》,2008 年第 12 期。

[41]郎友兴:《村民选举中的竞选策略——浙江经验之研究》,《华中师范大学学报》(人文社会科学版),2005 年第 4 期。

[42]吕云涛:《中国乡村治理结构的历史变迁与未来走向》,《山东省农业管理干部学院学报》,2010 年第 2 期。

[43]廖冲绪、肖雪莲、胡燕:《我国乡村治理结构的演变及启示》,《中共四川省委省级机关党校学报》,2012 年第 4 期。

[44]R.A.W.罗茨:《新的治理》,《马克思主义与现实》,1999 年第 5 期。

[45]龙太江:《乡村社会的国家政权建设:一个未完成的历史课题——兼论国家政权建设中的集权与分权》,《天津社会科学》,2001 年第 3 期。

[46]母赛花:《农村税费改革后乡村债务的特点、成因及化解》,《农村经济与科技》,2013 年第 3 期。

[47]马文杰、冯中朝:《税费改革后的乡村债务化解问题初探》,《农村经

济》,2004 年第 2 期。

[48]马得勇、王正绪:《民主、公正还是绩效? ——中国地方政府合法性及其来源分析》,《经济社会体制比较》,2012 年第 3 期。

[49]马欣荣:《略论中国近代乡村治理结构转型的逻辑》,《电子科技大学学报》,2011 年第 5 期。

[50]马宝成:《乡村治理结构与治理绩效研究》,《马克思主义与现实》,2005 年第 2 期。

[51]欧阳爱权:《"权力的文化网络"视域中农村社区治理逻辑研究》,《湖北行政学院学报》,2011 年第 5 期。

[52]欧博文、韩荣斌:《民主之路? ——中国村民选举评析》,《理论参考》,2012 年第 7 期。

[53]潘维:《质疑"乡镇行政体制改革"——关于乡村中国的两种思路》,《开放时代》,2004 年第 2 期。

[54]任云:《重塑农村基层党组织的权威》,《甘肃农业》,2005 年第 8 期。

[55]任中平:《当前村民自治面临的困境、归因与出路——后税费时代四川省部分农村村民自治状况的调查报告》,《软科学》,2007 年第 6 期。

[56]任中平:《村干部视域中的村民自治:成效、问题与思考——四川省部分农村村干部关于村民自治评价的调查报告》,《天府新论》,2008 年第 3 期。

[57]史耀疆、杨小磊:《乡村债务现状、成因及对策——基于全国 5 省 101 个村的调查》,《江西财经大学学报》,2013 年第 1 期。

[58]舒永久:《马克思国家与社会关系理论及其对我国乡村治理的启示》,《探索》,2013 年第 1 期。

[59]施从美:《乡镇财政制度变迁的路径依赖及其破解》,《学习与探索》,2006 年第 4 期。

[60]孙双义:《能人治村的绩效与限度探讨———以河南省南召县四棵树乡盆窑村为个案》,《山西农业大学学报》(社会科学版),2010年第5期。

[61]孙俊亭:《"村官"要求辞职的背后》,《中国社会导刊》,2001年第5期。

[62]唐兴霖等:《中国农村政治民主发展的前景及困难:制度角度的分析》,《政治学研究》,1999年第1期。

[63]肖唐镖,王欣:《农村村民选举质量及其影响因素的变化——对4省市68个村选举的跟踪观察和研究》,《北京行政学院学报》,2009年第3期。

[64]谭青山:《村级选举后的治理困境与对策》,《华中师范大学学报》(人文社会科学版),2011年第1期。

[65]王丹莉:《工业化进程中的农村税费制度演进——对新中国成立以来农民税费负担变化趋势的历史解读》,《中国经济史研究》,2011年 第1期。

[66]王佩君,谭博:《关于村级债务问题的调查与思考》,《农村资产管理》2007年第7期。

[67]王其迈:《制度建构与创新:新农村建设中村民自治均衡发展研究》,《社科纵横》,2009年第7期。

[68]王学民:《"村财乡管":乡镇行政权利的违法扩张》,《村委主任》,2011年第5期。

[69]吴晓军:《关系嵌入强度视角下的乡村治理格局》,《农村经济》,2013年第2期。

[70]吴理财:《乡镇改革与后税费时代乡村治理体制的构建》,《中共福建省委党校学报》,2007年第1期。

[71]吴理财:《村民自治与国家政权建设》,《学习与探索》,2002年第1期。

[72]吴理财:《从税费征收视角审视乡村关系的变迁》,《中州学刊》,2005

年第 6 期。

　　[73]吴理财:《县乡关系的几种理论模式》,《江汉论坛》,2009 年第 6 期。

　　[74]吴毅、贺雪峰等:《村治研究的路径与主体——兼答应星先生的批评》,《开放时代》,2005 年第 4 期。

　　[75]吴毅、贺雪峰:《村治研究论纲》,《华中师范大学学报》(人文社科版),2000 年第 3 期。

　　[76]乌东峰:《不对称的中国农民问题研究》,《求索》,2002 年第 3 期。

　　[77]武力:《中国乡村治理结构的演变》,《中国社会科学院院报》,2006 年 7 月 13 日第 3 版。

　　[78]徐勇:《县政、乡派、村治:乡村治理的结构性转换》,《江苏社会科学》,2002 年第 2 期。

　　[79]徐勇:《乡村治理改革的走向——强村、精乡、简县》,《战略与管理》,2003 年第 4 期。

　　[80]徐勇:《现代国家的建构与村民自治的成长——对中国村民自治发生与发展的一种阐释》,《学习与探索》,2006 年第 6 期。

　　[81]徐勇:《村干部的双重角色:代理人与当家人》,《二十一世纪》,2002 年第 7 期。

　　[82]徐勇:《国家建构中的非均衡性和自主性分析》,《华中师范大学学报》(人文社会科学版),2003 年第 5 期。

　　[83]徐勇、徐增阳:《中国农村和农民问题研究的百年回顾》,《华中师范大学学报》(人文社会科学版),1999 年第 6 期。

　　[84]徐勇:《"行政下乡":动员、任务与命令——现代国家向乡土社会渗透的行政机制》,《华中师范大学学报》(人文社会科学版),2007 年第 5 期。

　　[85]徐勇:《"政党下乡":现代国家对乡土的整合》,《学术月刊》,2007 年第 8 期。

[86]徐勇:《政权下乡:现代国家对乡土社会的整合》,《贵州社会科学》,2007年第11期。

[87]徐勇:《"政策下乡"及对乡土社会的政策整合》,《当代世界与社会主义》,2008年第1期。

[88]徐勇:《"法律下乡":乡土社会的双重法律制度整合》,《东南学术》,2008年第3期。

[89]徐勇:《村民自治、政府任务及税费改革——对村民自治外部行政环境的总体性思考》,《中国农村经济》,2001第11期。

[90]徐增阳、任宝玉:《"一肩挑"真能解决"两委"冲突吗——村支部与村委会冲突的三种类型及解决思路》,《中国农村观察》,2002年第1期。

[91]徐增阳:《中国农村村民自治:缘起、现状与发展趋势》,《人口与计划生育》,2005年第11期。

[92]徐增阳、黄辉祥:《财政压力与行政变迁——农村税费改革背景下的乡镇政府改革》,《中国农村经济》,2002年第9期。

[93]于建嵘:《乡村自治:根据和路径》,《战略与管理》,2002年第6期。

[94]于建嵘:《中国县政改革的目标和基本路径》,《甘肃理论学刊》,2008年第4期。

[95]叶长茂:《权威与民主平衡发展的重要价值及实现路径——基于后发国家和平转型的视角》,《宁夏社会科学》,2012年第7期。

[96]郁建兴、徐越倩:《从发展型政府到公共服务型政府——以浙江省为个案》,《马克思主义与现实》,2004年第5期。

[97]于水、陈春:《乡村治理结构中的村民自治组织:冲突、困顿与对策——以江苏若干行政村为例》,《农村经济》,2011年第9期。

[98]杨海生:《试论农村公共产品转移支付制度的改革取向》,《江苏大学学报》(社会科学版),2011年第1期。

[99]杨卫军:《取消农业税与农村基层政府机构改革》,《江西财经大学学报》,2004 年第 6 期。

[100]杨原、刘玉侠:《温州市农村基层民主建设中的"四个民主"问题探析—— 基于十村的调查研究》,《温州大学学报》(社会科学版),2011 年第 5期。

[101]杨善华:《税费改革后中西部地区乡镇政权自主空间的营造——以河北 Y 县为例》,《社会》,2008 年第 4 期。

[102]杨亚琴:《"村财乡管"的实践与思考》,《山西财税》,2013 年第 12 期。

[103]杨发祥、马流辉:《"乡财县管":制度设计与体制悖论—— 一个财政社会学的分析视角》,《学习与实践》,2012 年第 8 期。

[104]俞可平:《治理与善治引论》,马克思主义与现实,1999 年第 5 期。

[105]周飞舟:《从汲取型政权到/"悬浮型"政权—— 税费改革对国家与农民关系之影响》,《社会学研究》,2006 年第 3 期。

[106]战晓华、邓泉国:《后税费时代乡村关系的特征及均衡发展的路径》,《农业经济》,2012 年第 9 期。

[107]张新光:《论中国乡镇改革 25 年》,《中国行政管理》,2005 年第 10 期。

[108]张静:《国家政权建设与乡村自治单位——问题与回顾》,《开放时代》,2001 年第 9 期。

[109]张艳娥:《关于乡村治理主体几个相关问题的分析》,《农村经济》,2010 年第 1 期。

[110]张依茹、熊启跃:《农村税费改革对农民收入影响的实证分析》,《湖北社会科学》,2009 年第 6 期。

[111]张乐天:《公社制度终结后的农村政治与经济——浙北农村调查

引发的思考》,《战略与管理》,1997 年第 1 期。

[112]周雪光:《基层政府间的"共谋现象"—— 一个政府行为的制度逻辑》,《社会学研究》,2008 年第 6 期。

[113]中共安徽省委党校课题组:《新农村建设中农村基层党组织功能实现的障碍性因素分析》,《长江学刊》,2009 年第 6 期。

[114]朱宇:《19 世纪中叶至 20 世纪中叶中国乡村治理结构的历史考察》,《政治学研究》,2005 年第 1 期。

[115]赵晓峰:《"调适"还是"消亡"———后税费时代乡镇政权的走向探析》,《人文杂志》,2009 年第 2 期。

[116]赵晓峰:《中国乡村治理结构的转变》,《重庆大学学报》(社会科学版),2013 年第 2 期。

[117]中央人民政府内务部:《关于健全乡政权组织的指示》,《江西政报》,1954 年第 2 期。

二、外文文献

(一)外文著作

[1]Farazmand,Pinkowski,Jack,Farazand:*Handbook of Globalization,Governance and Public Administration*,CRC Pr I Llc,1993.

[2]Guy M. Robinson,*Conflict and Change in the Countryside*,Belhavan Press,1990.

[3]Jean C. Oi,*Rural China Takes Off*. Berkeley: University of California Press,1999.

[4]James C. Scott,*Weapons of the Weak:Everyday Forms of Peasant Resistance*,Yale University Press,1987.

〔5〕Kettl,Donald F.,*The Transformation of Governance*,Johns Hopkins U−niversity Press,2002.

〔6〕Prasenjit Duara,*Culture*,*Power*,*and the State*:*Rural North China*,*1900−1942*,Stanford University Press,1988.

〔7〕Sulamith Heins Potter ,Jack M. Potter,*China's Peasants*: *The Anthropology of a Evolution.* New York: Cambridge University Press,1990.

（二）外文论文

〔1〕Daniel Kelliher,The Chinese debate over village self−government,*China Journal*,No. 37（July 1997）.

〔2〕Jorgen Elklit,The Chinese village committee electoral system,*China Information*,Vol. 11,No. 4（Spring 1997）.

〔3〕Li Lianjiang,The Politics of Introducing Township Elections in Rural China. *The China Quarterly*,No.171（2002）.

〔4〕Li Lianjiang,Kevin O'Brien,Villagers and Popular Resistance in Contemporary China. *Modern China*,Vol.22,No.1（1996）.

〔5〕Li Lianjiang,Elections and Popular Resistance in Rural China. *China Information*,Vol.XV,No.2（2001）.

〔6〕Li Lianjiang,The Two−Ballot System in Shanxi Province：Subjecting Village Party Secretaries to a Popular Vote. *The China Journal*,No.42（1999）.

〔7〕Li Lianjiang,O'Brien,Villagers and popular resistance in contemporary China,*Modern China*,Vol. 22,No. 1（January 1996）.

〔8〕O'Brien,Kevin,Implementing Political Reform in China's Villages. *Australian Journal of Chinese Affairs*,No. 32（July1994）.

〔9〕O'Brien,Li Lianjiang,Accommodating 'Democracy'in a One−Party−

State: Introducing Village Elections in China. *The China Quarterly*, No.162 (2000).

[10]O'Brien, Li Lianjiang, The politics of lodging complaints in Chinese villages, *The China Quarterly*, No. 143 (September 1995).

[11]Robert A. Pastor ,Qingshan Tan, The meaning of China's village elections, *The China Quarterly*, No. 162 (June 2000).

[12]Yawei Liu, Consequences of villager committee elections in China, *China Perspectives*, No. 31(September 2000).

附录一：中华人民共和国农业税条例

1958 年 6 月 3 日全国人民代表大会常务委员会第九十六次会议通过

1958 年 6 月 3 日中华人民共和国主席令公布施行

第一章 总 则

第一条 为了保证国家社会主义建设,并有利于巩固农业合作化制度,促进农业生产发展,根据中华人民共和国宪法第一百零二条"中华人民共和国公民有依照法律纳税的义务。"的规定,制定本条例。

第二条 农业税的征收实行比例税制。

第三条 下列从事农业生产、有农业收入的单位和个人,都是农业税的纳税人,应当按照本条例的规定交纳农业税:

(一)农业生产合作社和兼营农业的其他合作社;

(二)有自留地的合作社社员;

(三)个体农民和有农业收入的其他公民;

(四)国营农场、地方国营农场和公私合营农场;

(五)有农业收入的企业、机关、部队、学校、团体和寺庙。

第四条 下列的农业收入征收农业税：

(一)粮食作物和薯类作物的收入；

(二)棉花、麻类、烟叶、油料、糖料和其他经济作物的收入；

(三)园艺作物的收入；

(四)经国务院规定或者批准征收农业税的其他收入。

第五条 农业生产合作社和兼营农业的其他合作社，以社为单位交纳农业税；其他纳税人，按照他们的经营单位交纳农业税。

第二章 农业收入的计算

第六条 农业收入的计算标准如下：

(一)种植粮食作物的收入，按照粮食作物的常年产量计算；

(二)种植薯类作物的收入，按照同等土地种植粮食作物的常年产量计算；

(三)种植棉花、麻类、烟叶、油料和糖料作物的收入，参照种植粮食作物的常年产量计算；

(四)园艺作物的收入、其他经济作物的收入和经国务院规定或者批准征收农业税的其他收入，由省、自治区、直辖市人民委员会规定计算标准。

本条第一款(一)、(二)、(三)项所列各种农业收入，一律折合当地的主要粮食，以市斤为单位计算；折合比例由省、自治区、直辖市人民委员会规定。

第七条 常年产量应当根据土地的自然条件和当地的一般经营情况，按照正常年景的产量评定。对于因积极采取增产措施和采用先进经验而使产量提高特别显著的，评定常年产量不宜过高。

第八条 在评定常年产量的时候，对于纳税人兴修农田水利工程、水土保持工程而提高单位面积产量的土地，受益未满三年的，应当参照受益前的正常年景的产量评定常年产量。

第九条　常年产量评定以后，在五年以内，因勤劳耕作、改善经营而提高单位面积产量的，常年产量不予提高；因怠于耕作而降低单位面积产量的，常年产量不予降低。

第三章　税　率

第十条　全国的平均税率规定为常年产量的百分之十五点五；各省、自治区、直辖市的平均税率，由国务院根据全国平均税率，结合各地区的不同经济情况，分别加以规定。

第十一条　各省、自治区、直辖市人民委员会应当根据国务院规定的平均税率，结合所属各地区的经济情况，分别规定所属自治州的平均税率和所属县、自治县、市的税率；自治州所属县、自治县、市的税率，由自治州人民委员会根据上一级人民委员会所规定的平均税率，结合所属各地区的经济情况，分别加以规定。

如果县、自治县、市所属各地区的经济情况悬殊，不宜按照一个税率征收的，县、自治县、市人民委员会可以根据上一级人民委员会所规定的平均税率，分别规定所属各地区的税率，报请上一级人民委员会批准后执行。

第十二条　县级以上人民委员会对所属地区规定的税率，最高不得超过常年产量的百分之二十五。

第十三条　个体农民应当交纳的农业税，除了与所在地区的农业生产合作社按照同一税率计算以外，根据不同的经济情况，另行加征税额的一成到五成。对缺乏劳动力、生活困难的个体农民，不予加征。

第十四条　省、自治区、直辖市人民委员会为了办理地方性公益事业的需要，经本级人民代表大会通过，可以随同农业税征收地方附加。

地方附加一般不得超过纳税人应纳农业税税额的百分之十五；在种植

经济作物、园艺作物比较集中而获利又超过种植粮食作物较多的地区,地方附加的比例,可以高于百分之十五,但最高不得超过百分之三十。

第四章　优待和减免

第十五条　纳税人依法开垦荒地或者用其他方法扩大耕地面积所得到的农业收入,从有收入的那一年起,免征农业税一年到三年。

移民开垦荒地所得到的农业收入,从有收入的那一年起,免征农业税三年到五年。

第十六条　纳税人在山地上新垦植或者新垦复的桑园、茶园、果园和其他经济林木,从有收入的那一年起,免征农业税三年到七年。

第十七条　纳税人从下列土地上所得到的农业收入,免征农业税:

(一)农业科学研究机关和农业学校进行农业试验的土地;

(二)零星种植农作物的宅旁隙地。

第十八条　纳税人的农作物,因遭受水、旱、风、雹或者其他自然灾害而歉收的,按照歉收程度,减征或者免征农业税。减征和免征的办法,由省、自治区、直辖市人民委员会规定。

第十九条　下列地区,经省、自治区、直辖市人民委员会决定,可以减征农业税:

(一)农民的生产和生活还有困难的革命老根据地;

(二)生产落后、生活困难的少数民族地区;

(三)交通不便、生产落后和农民生活困难的贫瘠山区。

第二十条　革命烈士家属、在乡的革命残废军人及其他纳税人,因缺乏劳动力或者其他原因而纳税确有困难的,经县、自治县、市人民委员会批准,可以减征或者免征农业税。

第二十一条　除本章各条的规定以外,其他需要给予优待和减免的,由国务院或者省、自治区、直辖市人民委员会规定。

第五章 征 收

第二十二条 纳税人应当向乡、民族乡、镇人民委员会据实报告土地亩数、农业收入和其他有关情况。乡、民族乡、镇人民委员会对纳税人的报告,经过调查和评议以后,造册报送县、自治县、市人民委员会审查核定。县、自治县、市人民委员会审查核定后,依照税率计算税额,向纳税人发出纳税通知书,作为纳税的凭证。

第二十三条 农业税分夏秋两季征收。夏收较少的地区,可以不进行夏征,在秋季一并征收。征收的时间,由省、自治区、直辖市人民委员会规定。

第二十四条 农业税以征收粮食为主。对于交纳粮食有困难的纳税人,可以改征其他农产品或者现款。

纳税人交纳的粮食,必须晒干扬净。

第二十五条 纳税人应当按照规定的时间, 将应交纳的粮食或者其他农产品和现款,送交指定的机关;征收机关收到以后,应当发给收据。

第二十六条 纳税人有运送他们应交纳的粮食和其他农产品的义务。义务运送的里程,一般以当日能够往返为原则,具体里程由省、自治区、直辖市人民委员会规定。超过义务运送里程的,其超过的里程,应当按照当地的一般运价发给运费。

在规定纳税人的义务运送里程的时候,对交通不便的山区,应当给予适当的照顾。

第二十七条 纳税人如果发现在征收农业税的工作中有调查不实、评议不公、错算和错征的情况,可以向乡、民族乡、镇人民委员会请求复查和复议。如果纳税人对于复查、复议的结果仍不同意,还可以向上级人民委员会请求复查。各级人民委员会对纳税人提出的请求,应当迅速加以处理。

第二十八条　纳税人如果少报土地亩数、农业收入或者用其他方法逃避纳税的,经查明后,应当追交其逃避的税额;情节严重的,并且送人民法院处理。

第二十九条　国家工作人员在征收农业税的工作中,如果有违法失职或者营私舞弊致使国家、人民遭受损失的,应当根据情节的轻重,给予纪律处分,或者送人民法院处理。

第六章　附　则

第三十条　省、直辖市人民委员会应当根据本条例的规定,结合本地区的具体情况,制定农业税征收实施办法,报国务院备案。

第三十一条　自治区人民委员会可以根据本条例的基本原则,结合本地区的具体情况和民族特点,制定本自治区的农业税征收办法,报国务院备案。

自治州或者自治县人民委员会认为必要的时候,可以根据本条例的基本原则,结合本地区的具体情况和民族特点,制定本自治州、自治县的农业税征收办法,报省、自治区人民委员会备案。

第三十二条　本条例从公布之日起施行。原有的农业税条例和有关规定即行废止。

附录二：国务院关于进一步做好农村税费改革试点工作的通知

国发〔2001〕5号

各省、自治区、直辖市人民政府，国务院各部委、各直属机构：

《中共中央、国务院关于进行农村税费改革试点工作的通知》（中发〔2000〕7号）发布以来，各级党委和政府高度重视，深入实际，调查研究，制定方案，组织试点，为推进农村税费改革做了大量工作。安徽在全省范围进行了改革试点，还有一些省、自治区、直辖市选择了部分县（市）进行试点。总体看，各地的试点工作进展顺利，取得了初步成效。实践证明，中央关于进行农村税费改革的决策是完全正确的，改革措施是符合农村实际的，得到了广大农民群众和基层干部的拥护和支持。按照党的十五届五中全会和中央经济工作会议精神，2001年要在总结安徽等地试点经验的基础上，进一步做好农村税费改革试点工作。总的要求和方针是：加强领导，完善政策；扩大试点，积累经验；配套推进，稳步实施，切实减轻农民负担，确保农村税费改革取得成功。为了积极稳妥地做好试点工作，特作如下通知。

一、切实加强对农村税费改革试点工作的领导

农村税费改革是继实行家庭承包经营之后,党中央、国务院为加强农业基础、保护农民利益、维护农村稳定而推行的又一项重大改革。搞好这项改革,对减轻农民负担,制止农村"三乱"(乱集资、乱收费、乱罚款和各种摊派),增强农业基础地位,促进农村社会稳定和国民经济持续快速健康发展具有深远的意义。各级党委和政府要从全局和战略的高度,充分认识农村税费改革的重要性、艰巨性和复杂性,把做好农村税费改革工作作为农业发展新阶段解决好农业、农村、农民问题的一件大事来抓。考虑到各地情况不同,今年农村税费改革是否在全省(自治区、直辖市)范围内全面推开,由各省(自治区、直辖市)党委、政府结合当地实际情况自主决定,中央不作统一规定。条件具备并决定在全省(自治区、直辖市)范围内全面推开的,其改革方案要报经国务院审批;条件暂不成熟的,要选择若干县(市)扩大试点,积累经验,为下一步全面推开做好必要的准备。

各地在进行农村税费改革试点工作中,党政主要负责同志要亲自抓、负全责,并层层落实领导责任制,明确工作目标和任务。要坚持"减轻、规范、稳定"的原则,扎实地做好各项基础工作,牢牢把握改革的正确方向,周密设计方案,精心组织实施。在改革过程中,要坚持走群众路线,尊重群众和基层的实践,不断丰富和完善改革方案及配套措施。要深入实际,调查研究改革中出现的新情况和新问题,及时协调解决各方面的利益矛盾。要做好干部培训工作,教育基层干部准确领会和掌握中央的政策,严格依法行政,照章办事,主动承担和克服改革中的困难。要采取各种形式向社会特别是广大农民进行宣传,使改革成为广大农民的自觉行动。教育农民依法履行纳税义务,对有意拖欠、拒缴和抗税的,应依法予以追缴;要认真落实各项农业税费减免

政策,对确有困难并符合减免条件的农户,给予必要的减免照顾。同时,要注意把握好宣传尺度,准确客观如实地评价减轻农民负担的效果,确保改革的顺利推进。

中央有关部门要讲政治、顾大局,转变工作思路,密切配合,带头执行农村税费改革的各项政策,自觉服从农村税费改革的总体安排,积极支持地方搞好改革试点工作,不要干预地方机构改革、压缩人员、经费安排等具体事务。国务院农村税费改革工作小组要加强调查研究,帮助地方完善改革试点方案,加强对各地改革试点工作的指导,及时总结改革试点中的经验,对改革中的问题及时提出对策建议。

二、进一步完善农村税费改革的有关政策

(一)合理确定农业税计税土地面积、常年产量和计税价格。核定农业税计税土地面积,要按照中发〔2000〕7 号文件的规定,坚持以二轮承包土地面积为依据。同时,对新增的耕地或因征占、自然灾害等减少的耕地,可按照实际情况进行个别调整。农业税计税常年产量应坚持以 1998 年前五年农作物实际平均产量据实核定。经过核定的计税土地面积和常年产量要征求农民意见,得到农民认可,并张榜公布。坚决杜绝为增加税费收入,采取高估常年产量、增加农民负担的错误做法。同时,也要防止采取简单确定减负比例,倒算常年产量和农业税税率等不规范的做法。农业税计税价格要综合考虑粮食保护价和市场价的因素合理确定,并保持相对稳定,具体由省级人民政府统一规定。

(二)采取有效措施均衡农村不同从业人员的税费负担。我国地域辽阔,区域经济发展水平和农村不同从业人员收入差异较大,各地在改革中要从当地实际情况出发,采取有效措施均衡农村不同从业人员负担。一是原由集

体经济组织负担的有关税费,改革后原则上继续由集体经济负担,不能将负担转嫁给农民;二是对承包土地达到一定规模的种粮大户,要制定必要的优惠政策,适当减轻税费负担,保护农民的种粮积极性;三是对不承包土地的务工经商农民,是否需要和具体采取什么形式收取一定的资金用于发展村级公益事业,由省级人民政府根据当地实际确定;四是国有农场、林场应纳入农村税费改革范围,按照稳定并适当减轻现有负担水平的原则,合理核定其农业税适用税率和税额,具体由省级人民政府根据本地实际情况确定。

(三)调整完善农业特产税政策,减轻生产环节税收负担。为减轻生产农业特产品农民的税费负担,按照农业特产税税率略高于农业税税率的原则,进一步降低茶叶、水果、原木、原竹等特产品税率。对某些适宜在收购环节征收农业特产税的应税产品,可从生产环节改在收购环节征收,以切实减轻农民负担。

(四)在不增加农民负担的前提下,妥善解决村级三项费用开支。实施农村税费改革后,多数地方的村级三项费用(村干部报酬、村办公经费、五保户供养经费)存在一定开支缺口。解决这个问题,从根本上讲,要靠深化改革、发展经济和节减村级开支。在目前试点过程中,地方可以按照中发〔2000〕7号文件有关农业税及其附加、农业特产税的规定征收,村级三项费用经费缺口由乡镇财政适当补助;也可以按中发〔2000〕7号文件精神在农业税及附加总体负担水平不超过8.4%的前提下,通过适当降低农业税税率,相应提高农业税附加比例的办法,增加村级收入。具体采取哪一种办法,由省级人民政府结合实际情况确定。

(五)妥善解决取消统一规定的"两工"后出现的问题。取消统一规定的劳动积累工和义务工,有利于从根本上杜绝强行以资代劳,减轻农民负担,有利于农村劳动力的合理流动,各地要坚决执行。地方在实施过程中,可以一步到位,也可以分步取消。实行分步取消"两工"的地方,要明确过渡期限,一般不要超过三年。取消"两工"后,各级政府要积极采取措施,妥善解决农田水利等基本建设和维护所需要的资金投入。今后,凡属于沿长江、黄河、松花江、辽河、淮河、洞庭湖、鄱阳湖、太湖等大江大河大湖地区,进行大中型水利基础设施修建和维护,所需资金应在国家和省级基本建设投资计划中予以重点保证;农村小型农田水利建设项目,应从地方基本建设计划中安排资金。坚决取消基本建设投资中要求农民出资出劳进行配套的做法。中央部门和地方各级政府安排的公路建设、农业综合开发、水利设施等基本建设,应按照"谁建设、谁拿钱"和量力而行的原则,不留投资缺口。属于防洪、抢险、抗旱等紧急任务,经县级以上人民政府批准,可以临时动用农村劳动力,但也要明确规定动用期限和数量。村内集体生产公益事业用工,严格实行"一事一议"和上限控制的原则,不得强行以资代劳。除此之外,动用农村劳动力应当实行自愿有偿的原则。

(六)保障农村义务教育经费投入。在农村税费改革过程中,要高度重视农村义务教育的稳定和发展。农村税费改革必须相应改革农村义务教育管理体制,由过去的乡级政府和当地农民集资办学,改为由县级政府举办和管理农村义务教育,教育经费纳入县级财政,并建立和完善农村义务教育经费保障机制,加强县级政府对教师管理和教师工资发放的统筹职能,将农村中小学教师工资的管理上收到县,由县级财政按国家规定的标准及时足额发放。各省级政府要参照改革前农村中小学校的实际公用经费,核定本地区标准和定额,扣除学校适当收取的杂费,其余部分由县级地方财政在预算中予以安排。中央和省级政府要加大对农村义务教育的支持力度,通过转移支付支持贫困县的义务教育,并安排专项资金用于贫困地区农村中小学危房改造和校舍建设,确保农村义务教育的健康发展。

三、认真做好农村税费改革试点的各项配套工作

(一)改革和精减机构、压缩人员、节减开支,转变乡镇政府职能。要按照社会主义市场经济发展要求,科学界定乡镇政府职能和设置机构,切实减少政府的行政审批;要充分发挥村民自治组织的作用,减少政府对经济社会事务的直接干预。精简乡镇机构、压缩财政供养人员、调整支出结构、节减经费开支,是推进农村税费改革,确保改革取得成功最重要的配套措施。这项工作要在各级党委和政府的领导下,有计划、分步骤地进行。要坚决清退编外和临时招聘人员。在此基础上,精简乡镇党政机构和人员编制,进一步压缩乡镇干部和事业单位人员。有条件的地方,可以适当撤并小的乡镇。要压缩村组干部人数,实行交叉任职。改革后,每个行政村按3—5人配备村干部,组干部一般由村干部兼任,减少组干部的补贴人数和补贴标准,压缩村级支出。要进一步优化教育资源配置,合理调整农村中小学校布局。根据实际情况适当撤并规模小的学校和教学点,提高农村学校办学效益。精简和优化中小学教师队伍,坚决辞退代课教师,依法辞退不合格教师,压缩农村中小学校非教学人员,清退临时工勤人员。有关部门要抓紧研究制定科学合理的教职工与学生人数或教职工与班级数比例,并据此核定中小学校编制,进一步规范和加强中小学教职工编制管理。要切实重视人口与计划生育工作,稳定计划生育工作队伍,保证其必要的经费投入。要大力加强和改革完善农业技术推广工作,更好地为农业产业结构调整和发展农村经济服务。

(二)加大中央和省两级财政转移支付力度,为农村税费改革提供必要的财力保证。农村税费改革后,为保障基层政权组织正常运转,对乡镇政府和村级组织出现的收支缺口,要在地方精简机构、削减开支、调整支出结构的基础上,通过中央和省两级财政转移支付的办法给以适当补助,有条件的

市(地)一级政府也应安排一定的资金支持这项改革。中央给地方的转移支付资金,按照统一规范、公正合理、公开透明,并适当照顾民族地区的原则,采用规范办法进行分配,不留机动。县、乡两级政府在安排中央和省两级财政转移支付和本级财政支出时,要首先用于发放公务员和教师等事业人员工资,保证农村中小学校正常运转所需的公用经费。要加强中央转移支付资金使用的监督管理,防止截留挪用。对截留挪用转移支付资金,以及继续搞"三乱"加重农民负担的有关责任人员和上级主要负责人,要坚决给予纪律处分,中央财政还将相应扣减该地区下一年度的转移支付资金。

(三)严格规范农业税征收管理,促进农业税收征管的法制化。各地要采取措施防止农业税征收过程中发生随意扩大或减少计税土地面积、人为提高或降低常年产量等不规范行为。要通过法制宣传和政策教育,让农民依法履行纳税义务。各有关部门要针对目前存在的问题,抓紧制订具体措施,对农业税收征管程序、征收方式、强制执行措施、征管执法主体的权利与责任等问题进行明确规范。同时,要加快制定《农业税收征收管理条例》,尽快将农业税收征管纳入规范化、法制化轨道。

(四)建立健全村级"一事一议"的筹资筹劳管理制度。为规范村级"一事一议"筹资筹劳管理,各地要按照农业部《村级范围内筹资筹劳管理暂行规定》,结合实际情况,制定具体的实施办法。一是明确"一事一议"筹资筹劳范围。哪些事可以议,哪些事不能议,要有明确规定。二是制定合理的筹资筹劳上限控制标准。省级人民政府应根据本地区经济发展水平和生产公益事业任务,分类确定村内"一事一议"筹资筹劳的上限控制标准。三是明确议事规程。属于农民筹资筹劳范围的事项,村民委员会应于年初提出具体预算,经村民大会或村民代表大会讨论通过, 报乡镇政府批准后执行。切实防止把"一事一议"筹资筹劳变成固定收费项目。四是加强村级财务监督管理。要根据中发〔2000〕7号文件精神,对农业税附加和农业特产税附加等用于村级开支的集体资金,按村设帐,审核预算,审查开支,加强监督管理。要成立由村民代表参加的村民理财小组,实行民主管理、财务公开、村民监督、上级审计。防止村级三项费用被截留、平调和挪用。

(五)切实执行中央减轻农民负担政策,建立有效的农民负担监督管理机制。农村税费改革后,要继续加强对农民负担的监督管理工作。当前,要重点治理面向农村中小学生的乱收费、农村用电乱收费、报刊订阅摊派以及各种要求农民出钱出物的达标升级活动。对其他涉及农民负担的乱收费和搭车收费,都要认真进行清理整顿。要加强农村经营服务性收费管理,为农民提供服务应坚持农民自愿原则,不得强制服务、强行收费。不得将一些已经取消的行政事业性收费转为经营性收费。同时,要防止出现在实施农村税费改革前突击清欠、预收乡统筹费和村提留等加重农民负担的现象。要继续落实好党政领导亲自抓、负总责的工作制度和专项治理的部门责任制,实行农民负担"一票否决",加大查处力度。抓紧建立健全农民负担监测、信访举报、监督检查、案件查处等各项制度。要修订和制定有关法律法规,为全面推进农村税费改革、减轻农民负担、巩固改革成果提供强有力的法律保障。

(六)认真研究和积极探索有效办法,妥善处理乡村不良债务。乡村债务产生的原因比较复杂,解决起来需要一个过程。这个问题不是农村税费改革中新出现的问题,原则上应与农村税费改革分开处理。要认真清理乡村债务,摸清底数,分清责任,区别情况,分类处理,逐步化解。应剥离的剥离,该清偿的清偿,能核销的核销。当前,要采取切实措施防止发生新的不良债务。各地要结合实际,加强指导,制定乡村债务的具体处理办法,不能简单由政府背起来,更不能摊到群众头上,以免影响农村税费改革的顺利进行。

国 务 院

二〇〇一年三月二十四日

附录三:国务院关于全面推进农村税费改革试点工作的意见

各省、自治区、直辖市人民政府,国务院各部委、各直属机构:

按照国务院统一部署,2002 年全国有 20 个省(自治区、直辖市,下同)以省为单位进行了农村税费改革试点,其他省继续在部分县(市)进行试点。地方各级党委、政府高度重视并精心组织试点工作,中央各有关部门注意加强配合和指导,及时处理改革中遇到的矛盾和问题,试点工作进展顺利,取得了明显成效,为全面推进改革积累了经验。实践证明,农村税费改革是现阶段减轻农民负担的治本之策,不仅有力地促进了农民收入恢复性增长,得到了广大农民群众的衷心拥护,而且带动了农村各项改革,推进了农村经济的持续发展和农村社会的全面进步,是农村工作实践"三个代表"重要思想的具体体现。但也要看到,各地区还不同程度地存在基础工作不扎实,政策宣传不深入,执行政策不到位,配套改革力度不平衡等问题,切实做到"三个确保"和巩固改革成果的任务仍相当艰巨。按照党的十六大以及中央经济工作会议和中央农村工作会议精神,国务院决定,2003 年在进一步总结经验、完善政策的基础上,全面推进农村税费改革试点工作。现就有关问题提出以下意见:

一、全面推进农村税费改革试点工作

2003 年农村税费改革试点工作的总体要求是：总结经验，完善政策；全面推进，分类指导；巩固改革成果，防止负担反弹。已先行试点的地方，要进一步落实好各项改革政策，加快推进各项配套改革，建立健全确保农村基层组织正常运转和农村义务教育必要经费投入的保障制度，完善改革后农民负担监督管理约束机制，防止农民负担反弹。目前尚未以省为单位实施改革试点的省，今年是否进行全省范围的改革试点，由各省根据本地实际情况自主决定；准备进行试点的省，要按照中央有关文件要求，抓紧做好试点的各项基础工作，认真制定本省试点方案，并于 2003 年 4 月 15 日前报国务院审批。中央财政继续安排一定资金支持地方试点工作，试点地区省级财政和有条件的市、县财政，都要加大对改革试点的支持力度，千方百计安排足够资金支持农村税费改革，实行专款专用，确保顺利推进试点工作。

二、切实做到"三个确保"

确保改革后农民负担明显减轻、不反弹，确保乡镇机构和村级组织正常运转，确保农村义务教育经费正常需要，是衡量农村税费改革是否成功的重要标志，也是顺利推进试点工作，巩固改革成果的必然要求。

在试点地区，无论是一个省、一个县，还是一个乡、一个村，从总体上计算，改革后的农民负担要比改革前有较大幅度的减轻，做到村村减负，户户受益。对承包土地较多、改革后负担有所增加的农户，要通过减免等办法，把负担减下来。要建立有效的农民负担监督管理约束机制，确保农民负担减轻后保持长期稳定、不反弹。

乡镇机构和村级组织要通过精简机构,转变职能,减少财政供养人员,大力压缩开支,确保正常运转。应调整和完善县乡财政体制,乡镇财政首先要保运转,本级财力不足的,上级财政要加大转移支付力度。对财政收入规模较小的乡,可由上一级财政统筹安排其必要的开支。应加强村级组织建设,完善村民自治制度,大力压缩村级开支。在此基础上,村级三项费用不足部分,财政要给予适当补助。不得把经费缺口留在基层。

改革后农村义务教育的投入,要确保不低于改革前乡统筹费中的农村教育附加、经国家批准的农村教育集资以及正常财政投入的总体水平,并逐步有所增长,实现"保工资、保运转、保安全"的基本目标。要将农村中小学教师工资发放工作上收到县,设立教师工资专户,按国家规定标准及时足额发放,不准发生新的拖欠;学校收取的杂费要全部用作学校正常的办公经费,不得用于发放工资或福利。农村中小学正常运转所需公用经费的不足部分,由县级财政给予补助;建立健全农村中小学正常的危房改造资金保障渠道,省级财政应根据本地实际情况,从农村税费改革专项转移支付资金中,每年安排一定资金用于学校危房改造,确保师生安全。要加快推进农村义务教育管理体制改革,精简教师队伍,调整教育布局,提高教学质量。

三、进一步调整完善有关农业税收政策

试点地区应进一步完善和落实二轮土地承包制度,稳定党在农村的基本政策。农业税征收机关在核定农业税计税面积时,对因自然灾害、合法征占减少的耕地,应据实核减。对未经合法审批,因长期建设占地、农村兴办公益事业占地等因素减少的计税土地,应先据实核减,并由占地单位按规定补办审批手续和补缴税款;确有困难的,应先登记造册,暂不纳入计税面积,另行处理,不得将这部分面积计算的农业税负担平摊到农民头上。新增试点地

区核定常年产量,可依据改革前连续 5 年实际平均产量,并充分考虑当地实际情况,征求农民意见,得到农民认可。村与村之间自然条件有明显差异的,核定的常年产量应有所区别,防止搞"一刀切"。农业税计税价格由各省级人民政府综合考虑本地区粮食市场价、保护价和农民承受能力等因素合理确定,并注意与毗邻地区衔接。计税价格明显偏高的地方,应实事求是地进行调减。除国家政策调整外,一经正式确定的农业税负担要保持长期稳定。

各地区应结合实际,逐步缩小农业特产税征收范围,降低税率,为最终取消这一税种创造条件。

四、加强和规范农业税及其附加征收工作

试点地区要实行农业税征收机关负责征税、聘请协税员协税的农业税收征管制度。乡镇政府和村级组织应积极协助征收机关做好农业税及其附加征管工作,但不得代行执法权。非农业税征收人员不得直接收取税款。农业税征收机关要坚持依法征收,规范农业税收征管程序,建立健全纳税登记、纳税申报、纳税通知制度,逐步实现农业税收征收方式由上门征收向定点常年征收转变。要加强税收宣传工作,引导农民积极依法纳税,履行应尽义务。农业税附加、农业特产税附加由农业税征收机关与正税同步征收,实行乡管村用,由乡镇经营管理部门监督管理,只能用于村级组织正常运转需要,任何单位和个人不得截留、平调。要加强农业税征管机构队伍建设,配备必要的征管人员。必需聘请的协税员,应通过岗前培训,持证上岗。加快农业税收征管计算机信息系统建设,努力提高工作质量和服务水平。

五、健全和完善农业税减免制度

农业税(包括农业税附加)灾歉减免应坚持"轻灾少减,重灾多减,特重全免"的原则。认真落实农村各项社会减免政策,加大对革命老区、贫困地区、少数民族地区,以及革命烈士家属、在乡革命残废军人的农业税减免力度。改进农业税减免方式。灾歉减免应尽量做到先减免后征收,社会减免必须实行先减免后征收,确保减免政策及时兑现到户。要适应农村税费改革后的新情况,建立稳定的农业税减免资金渠道。中央和省级财政每年应在预算中安排一定资金用于农业税减免,省级以下各级财政应从农业税征收总额中预留一定的减免机动资金,或在预算中安排相当数量的资金用于农业税减免,实行滚动使用。

六、妥善处理农民公平负担问题

农村税费改革后,由于农业税及其附加按照土地面积和粮食产量计税,客观上会造成一部分种地多的农民负担增加。因此,各地区在试点过程中,要结合本地实际,制定减免税等优惠政策,把因种地多出现农业税收负担高于改革前的负担部分切实减下来,以调动粮食主产区种粮农民的积极性。应注意解决好毗邻地区同等耕种条件土地的农业税负担相差过于悬殊的问题,促进农业税负担公平合理。中央和省两级财政安排的农村税费改革专项转移支付资金,要重点向农业主产区特别是粮食主产区倾斜。结合深化粮食流通体制改革和农村税费改革试点工作,借鉴国际通行做法,进行调整政府对农业和农民的补贴方式试点,逐步建立和完善直接补贴农民的办法。

七、严格执行村内"一事一议"筹资投劳政策

村内"一事一议"筹资投劳制度是农村基层民主政治建设的重要内容，必须长期坚持。各地区要适应新形势，转变观念，统筹安排农村集体公益事业发展，坚持走群众路线，及时制定和完善"一事一议"的议事程序、议事范围和上限标准。村内事业发展要坚持量力而行的原则，充分考虑农民的经济承受能力，有多少钱办多少事；充分尊重农民的民主权利，多数农民同意的事就办，不同意的就不办；决不能把"一事一议"筹资投劳变成农民负担的固定项目。

农业综合开发中农民筹资投劳，应纳入村内"一事一议"范畴，实行专项管理。其范围只限于受益村改善农业生产条件的建设项目，并与农民商议，由农民签字认可，实行民主决策、数量控制、以村为单位统一组织，不准搞强迫命令。确需农民投劳进行农业综合开发的项目，农民只出工，不得要求农民以资代劳，不得跨村筹劳；确需跨村使用劳动力的，应采取借工、换工或有偿用工等形式，不能平调使用农村劳动力。要逐步降低农民筹资投劳在农业综合开发中的比例。

暂停执行对不承包土地并从事工商业活动的农村居民收取资金用于村内公益事业的政策。已经收取的地方，要做好善后工作。

八、切实加强涉农收费管理

这是深化农村税费改革、从根本上减轻农民负担的一项重要内容。各地区和有关部门要进一步清理整顿涉农收费项目，加强对农村中小学生就学、计划生育指标审批、农村结婚登记、农民建房、农民外出务工等方面乱收费

的专项治理。按照国家规定权限批准保留的行政事业性收费项目，必须在规定环节、范围和标准内收费，不得超范围、超标准收费或搭车收费。农村经营服务性收费，应按照自愿、有偿原则向农民收取，并实行公示制度；不准强制服务、强行收费，或只收费不服务。其中，向农民收取水费、电费等跨区域共同生产费用，要严格执行"受益缴费，计量收费"的原则，因大面积抗旱、排涝难以做到计量收费的，应按直接受益原则据实分摊，不得提前预收。今后，任何地方和部门一律不得出台涉及农民负担的行政事业性收费和政府性基金、集资项目。有关部门要切实加强农村税费改革后对农民负担的监督管理工作。

九、积极探索化解乡村债务的措施和办法

各地区要通过加快发展农村经济、深化农村改革，积极探索通过债权债务抵冲、依法削减高利贷、加强内部控制、节约开支、盘活集体存量资产等有效办法逐步化解乡村债务。乡镇机构的债务，要靠发展经济，完善财政体制等办法妥善解决；村级组织的债务，要在防止发生新债的基础上，摸清底数，分清责任，结合实际制订办法，逐步化解。

各地区要暂停向农民收缴农村税费改革前的税费尾欠。对改革前农民的税费尾欠，要进行核实、登记、归类；对不符合有关政策规定的，要予以核销，不得再向农民追缴；对符合减免规定的税费尾欠，要给予减免；对农民历年形成的农业税收及符合政策规定的乡统筹和村提留费尾欠，采取先挂账的办法，待农村经济进一步发展、农民承受能力明显增强后再作处理。

十、加强督促检查，严肃改革纪律

各地区要建立健全督查制度，改进督查方式，采取日常检查与重点督查、定期检查与随机抽查、明查与暗访相结合的方式，加大督促检查力度。对执行政策中出现的偏差，应及时纠正；对农民反映的问题，要认真对待，及时处理。地方各级人民政府都要建立健全税费改革群众信访查处反馈制度，向社会公开政策咨询和群众举报电话，定期通报有关情况，自觉接受社会监督。要建立健全税费改革工作责任追究制度，对违反农村税费改革政策特别是顶风违纪行为，必须依法严肃处理，重大案（事）件要公开曝光。要认真落实涉及农民负担案（事）件责任追究制。今后，凡是发现违反有关规定乱收费，或者歪曲中央改革政策加重农民负担的，不仅要追究县、乡党政主要领导的责任，而且中央财政要相应扣减给该地区的转移支付资金。

各地区和有关部门要注意研究农村税费改革试点中出现的新矛盾和新问题，加强专题调查，及时提出切实可行的解决办法。通过不断调整和完善收入分配政策，逐步实行城乡统一的税费制度，进一步解放和发展农村生产力；同时，加大对农村社会事业发展的财政支持力度，促进城乡经济和社会协调发展，加快全面建设小康社会的步伐。

以前农村税费改革有关政策规定与本意见不一致的，以本意见为准。

国 务 院
二〇〇三年三月二十七日